{ 리더 의 친절한 가이드북 }

Q&A×99

이것만 알면 누구나 네트워크 마케팅 최고가 된다

리더의 친절한 가이드북

저자 **돈 페일러** / 옮긴이 **안보름**

성공의 문을 여는 -
S BOOK

차 례

chapter 01 후원을 시작하기 전,
이것만은 알아두자

01. 비즈니스를 처음 시작할 때 들어가는 비용 ⋯⋯⋯⋯⋯ 13

02. 네트워크 마케팅 비즈니스란? ⋯⋯⋯⋯⋯⋯⋯⋯⋯ 14

03. 네트워크 마케팅 비즈니스의 역사 ⋯⋯⋯⋯⋯⋯⋯ 16

04. 네트워크 마케팅 비즈니스와 피라미드 상법의 차이 ⋯ 17

05. 사업을 시작하는 방법 ⋯⋯⋯⋯⋯⋯⋯⋯⋯⋯⋯⋯ 19

06. 네트워크 마케팅 비즈니스로 매달 올리는 수입 ⋯⋯ 21

07. 성공한 사람들의 최고 수입 ⋯⋯⋯⋯⋯⋯⋯⋯⋯⋯ 22

08. 제품과 서비스를 선택하는 방법 ⋯⋯⋯⋯⋯⋯⋯⋯ 23

09. 제품 지식과 정보를 얻는 법 ⋯⋯⋯⋯⋯⋯⋯⋯⋯ 24

10. 두 군데 회사에서 사업을 해도 될까 ⋯⋯⋯⋯⋯⋯ 26

11. 네트워크 마케팅 회사의 교육과 후원 ⋯⋯⋯⋯⋯⋯ 27

12. 어려운 문제가 생겼을 때 도움을 받는 방법 ⋯⋯⋯ 29

13. 네트워크 마케팅은 우수한 세일즈맨에게 유리한가 ⋯ 30

14. 네트워크 마케팅 제품의 특징 ⋯⋯⋯⋯⋯⋯⋯⋯⋯ 31

15. 비즈니스 시작 후 수입이 발생하는 시점 ⋯⋯⋯⋯ 33

16. 풀타임으로 해야 할까, 파트타임으로 해야 할까 ⋯ 35

17. 두 사람에게 후원받을 수 있는가 ⋯⋯⋯⋯⋯⋯⋯ 37

18. 사업상의 나이 제한 ···················· 38

19. 비즈니스에 필요한 도구와 장비 ···················· 40

20. 매일 비즈니스에 할애하는 시간 ···················· 42

21. 가능성을 100퍼센트 확신할 수 있는가 ···················· 43

22. 네트워크 마케팅 비즈니스 학교 ···················· 45

23. 인맥 관리 요령 ···················· 46

24. 단기간에 승부를 볼 수 있는가 ···················· 48

25. 방문판매와의 차이점 ···················· 49

26. 학력이 사업에서 성공하는 데 영향을 주는가 ···················· 50

27. 주부이자 훌륭한 비즈니스우먼 ···················· 52

28. 가족의 반대를 극복하는 법 ···················· 53

29. 비즈니스맨다운 단정한 옷차림과 정중한 태도 ···················· 55

chapter 02 초보 사업자를 위한 가이드

01. 자신이 네트워크 마케팅 사업자임을 주위에 알리는 방법 ······ 59

02. 친구나 친척에게 자연스럽게 비즈니스 소개하기 ···················· 60

03. 비용을 스스로 부담한 광고의 효과 ···················· 62

04. 샐러리맨에게 필요한 1인 사업 기회 ·········· 64

05. 제품 지식 습득 ·········· 66

06. 가장 효과적인 사업설명 방법 ·········· 67

07. 사업을 권하기에 좋은 유형 ·········· 69

08. 거절에 따른 두려움을 극복하는 요령 ·········· 71

09. 다운라인과 업라인 ·········· 72

10. 다운라인 확장과 제품 판매 ·········· 74

11. 지속적인 후원 활동이 필요한 이유 ·········· 75

12. 그룹 구성원과 관계를 맺는 방법 ·········· 76

13. 후원한 사람을 돕는 타이밍 ·········· 78

14. 스폰서가 그룹 구성원에게 해줘야 할 가장 중요한 일 ·········· 79

15. 제품 클레임 처리 ·········· 80

16. 다운라인 네트워크의 규모 ·········· 82

17. 주부 사업자가 얻는 이점 ·········· 83

18. 비즈니스를 위한 별도의 공간 ·········· 84

19. 그룹 매출액에 따른 수입 계산 ·········· 86

20. 매달 올리는 수입 정확히 알기 ·········· 87

21. 제품 주문과 발송 ·········· 88

22. 교육 측면에서의 스폰서의 지원 ·········· 89

23. 비즈니스에 도움을 주는 도구와 워크숍 및 세미나 ·········· 90

24. 성공에 꼭 필요한 조건 91

25. 실패하는 사람의 공통점 92

26. 타인의 다운라인에서 우수한 사람을 빼낸다면? 94

27. 의욕적인 사람에게 접근하는 방법 95

chapter 03 경험자에게도 궁금한 점은 있다

01. 효과적인 재고 관리 99

02. 제품 운반을 위한 수단 101

03. 비즈니스 비용과 세금공제 102

04. 다운라인에게 들어온 클레임 처리 103

05. 다운라인이 '의욕'을 유지하도록 동기부여하기 104

06. 소매판매의 중요성 106

07. 낯선 사람에게 접근하는 방법 107

08. 직접 후원하는 다운라인의 범위 108

09. 다른 지역으로 이사했을 때의 네트워크 유지 110

10. 현재 하는 일을 그만두는 타이밍 111

11. 최소 3단계 네트워크까지 진행해야 하는 이유 113

12. 외국에 사는 사람에게 비즈니스를 권유하기에 좋은 도구 ········ 114

13. 네트워크를 빠르게 확장하기 위한 투자 ········ 115

14. 부부 후원하기 ········ 116

15. 거리에 따른 후원 요령 ········ 118

16. 스폰서가 비즈니스를 그만두었을 때의 대처법 ········ 119

17. 스폰서 변경하기 ········ 120

18. 직접 후원해야 하는 단계 ········ 121

19. 네트워크 마케팅 비즈니스의 전망 ········ 123

chapter 04 모두가 궁금해 하는 네트워크 마케팅 비즈니스

01. 네트워크 마케팅 비즈니스의 합법성 ········ 127

02. 정가 판매와 할인 판매 ········ 128

03. 초기에 구입해야 하는 제품의 양 ········ 130

04. 일상생활용품이 네트워크 마케팅 제품으로 적합한 이유 ····· 131

05. 매달 포인트를 쌓는 데 발생하는 비용 관리 ········ 133

06. 네트워크 마케팅 회사가 광고를 하지 않는 이유 ········ 134

07. 다른 네트워크 마케팅 회사에서 일하는 지인 관리 ········ 135

08. 참여한 회사의 경영 상태를 알려면? 137

09. 업라인이 매달 정해주는 제품 구매 기준 138

10. 상대가 바쁘다며 권유를 거절할 때의 대응 요령 139

11. 비즈니스를 시작한 지 어느덧 3년인데 진전이 없다면? 141

12. 네트워크 마케팅 비즈니스와 헝그리 정신 142

13. 연속으로 거절당했을 때 더 활발하게 움직이는 방법 144

14. 다운라인이 더 활발하게 움직이도록 하려면? 145

15. 늘 똑같은 세미나에 꼭 참석해야 하는 이유 147

16. 스폰서와 멀리 떨어져 있어서 최신 정보를 접하기 어려울 때 148

17. 네트워크 마케팅 회사를 선택하는 체크 포인트 149

18. 네트워크 마케팅 비즈니스를 유산으로 받기 151

19. 비즈니스를 전할 때 주의해야 할 유형 152

20. 성과가 오르지 않아 그만두고 싶다면? 154

후원을 시작하기 전,
이것만은 알아두자

01. 비즈니스를 처음 시작할 때 들어가는 비용

비즈니스를 어떻게 시작하느냐에 따라 조금씩 차이는 있겠지만, 실제로 네트워크 마케팅 비즈니스를 시작하는 데는 거의 비용이 들지 않습니다. 처음에 필요한 비용은 당신이 선택한 회사에 따라 다소 차이가 있습니다. 각각의 네트워크 마케팅 회사마다 취급하는 제품과 마케팅 플랜이 다르기 때문입니다. 그리고 제품 유통은 사업에 참여한 사업자들의 네트워크를 기반으로 이뤄집니다.

처음 시작할 때 회원가입 등록비는 대개 무료입니다. 개중에는 어느 정도 돈이 드는 제품이나 여러 가지 도구가 포함된 마케팅 키트를 구입해야 하는 회사도 있습니다. 더러는 처음부터 마케팅 키트나 제품 샘플을 구입하는 데 상당한 비용을 투자해야 할 수도 있으므로 꼼꼼히 살펴봐야 합니다.

네트워크 마케팅 비즈니스도 분명 사업입니다. 하지만 일반 사업과 달리 사무실이나 점포 임대비용은 물론 인테리어, 사무기기, 재고, 인건비 등의 비용이 들지 않습니다. 1인 사업가 개념으로 언제라도 별다른 투자비 없이 시작할 수 있는 사업이지요. 네트워크 마케팅 비즈니스는 사업 플랜을 잘 짜서 진지하게 임하면 투자비 없이 큰 수익을 창출할 수 있는 기회입니다.

02. 네트워크 마케팅 비즈니스란?

네트워크 마케팅 비즈니스는 미국에서 MLM(멀티레벨마케팅)이라고 부릅니다. 여기서 멀티는 '다양한', 레벨은 '단계적인', 마케팅은 '판매'라는 뜻입니다. 즉, 사업자가 다양한 사람들이 참여한 네트워크를 단계적으로 활용해 소비자나 이용자에게 상품과 서비스를 전달하는 사업입니다. 여기서 발생하는 수수료나 이익은 상품과 서비스 유통에 관여한 사업자에게 분배합니다.

일반적인 유통 시스템에서는 판매원들이 하루 종일 일하고도 분배받는 이익이 적지만, 제품을 공급하는 기업이 얻는 이익은 엄청납니다. 반면 네트워크 마케팅 비즈니스에서는 원하는 만큼 시간을 투자하고 정해진 마케팅 플랜에 따라 공정하게 대가를 받으며 아무리 제품을 대량 유통해도 일이 더 늘어나는 것은 아닙니다.

또한 네트워크 마케팅 회사는 효과적인 유통 수단을 채택한 덕분에 보다 많은 사람에게 커다란 이익을 안겨주는 것이 가능합니다. 일반적인 비즈니스에 빠질 수 없는 거액의 경영비를 절감할 수 있기 때문입니다.

우선 판매점이나 체인점을 개설할 필요가 없습니다. 전국적으로 광고를 내보내거나 캠페인을 벌일 일도 없습니다. 사업자들이 네트워크를 구축해 주변 사람들에 제품 정보를 전달하니까요. 네트워크 마케팅 비즈니스에서는 사업자와 소비자의 노력으로 제품이 자연스럽게 유통됩니다.

여기에다 네트워크 마케팅 회사는 절감한 경영비를 제품 개발에 투자해 일반 상점에서 판매하는 경쟁상품에 비해 품질이 좋은 제품을 제공합니다. 덕분에 네트워크 마케팅 비즈니스에 참여한 사업자는 1인 사업가로서 경제적 자유를 얻고 자신이 원하던 라이프스타일을 누립니다.

03.   네트워크 마케팅 비즈니스의 역사

네트워크 마케팅 비즈니스가 정확히 몇 년, 몇 월에 시작되었는지는 모르지만 제품과 서비스를 점포에서 판매하지 않고 개인이 구축한 네트워크를 기반으로 유통시키는 개념은 대략 60여 년 전에 등장했습니다. 이후 컴퓨터가 널리 보급되면서 네트워크 마케팅은 하나의 비즈니스 시스템으로 자리를 잡았지요. 컴퓨터를 활용해 네트워크와 제품 유통 관련 정보를 보다 명확히 관리하게 되었기 때문입니다.

중요한 것은 각각의 사업자가 활동한 내역에 따라 정확히 이익을 분배해주는 것이 가능해졌다는 점입니다. 이처럼 완전히 컴퓨터의 힘을 활용한 시스템이 생긴 것은 1980년대 이후입니다. 덕분에 1980년대에 탄생한 네트워크 마케팅 회사는 글로벌 비즈니스로 성장해 오늘날에 이르고 있습니다.

네트워크 마케팅 비즈니스는 북미는 물론 전 세계적으로 엄청나게 성장하고 있지만, 네트워크 마케팅 사업자들은 이러한 사실에 그리 놀라지 않습니다. 네트워크 마케팅 사업을 하면서 이미 자유로운 삶을 즐기는 그들은 이 사업의 무한한 가능성을 일찌감치 맛보았기 때문입니다.

한편 네트워크 마케팅 회사가 취급하는 제품과 서비스는 세상의 니즈 변화에 대응해 갈수록 진화하고 있습니다. 한마디로 네트워크 마케팅 비즈니스는 한 제품이나 기술에 국한된 것이 아니라 자유주의 시장경제 원리에 입각해 계속 활성화되는 비즈니스입니다. 즉, 네트워크 마케팅 비즈니스는 '반짝'하고 지는 비즈니스가 아닌 미래를 선도할 힘을 지닌 새로운 비즈니스입니다.

04. 네트워크 마케팅 비즈니스와 피라미드 상법의 차이

네트워크 마케팅 비즈니스는 전통적인 소매판매와 동일하며 완전히 합법적인 사업 방식입니다. 특히 시장에 제품과 서비스를 제공한다는 점에서 일반 소매와 동일합니다. 단, 유통에 기여한 사업자에게 제공하는 판매 수수료는 회사의 마케팅 플랜에 따라 약간씩 차이가 있습니다. 간단히 말해 네트워크 마케팅 비즈니스는 자유주의 경제에 기반을 둔 하나의 합법적인 유통 시스템입니다.

반면 피라미드 상법은 전통적인 가치관이나 시장원리에 기반을 둔 것이 아닙니다. 한마디로 피라미드 상법은 '사기'에 가깝습니다. 진정한 유통이 존재하지 않고 사람을 끌어들이는 것만으로도 수익이 발생하는 구조이기 때문입니다. 외형상 제품을 소비자에게 유통시키는 것처럼 보이지만 모든 것이 속임수입니다. 대개는 거액의 판매이익을 노리고 법적으로 허용하지 않는 고가의 제품이나 품질이 조악한 것을 판매하지요.

네트워크 마케팅 비즈니스에서는 사업을 일찍 시작했든 나중에 시작했든 상관없이 모든 사람에게 공평하게 기회가 주어집니다. 즉, 성공할 수 있는 가능성이 평등합니다. 사업의 출발선과 관계없이 자신이 투자한 시간과 노력에 따라 공평하게 대가가 돌아오는 것이 네트워크 마케팅 비즈니스입니다.

그와 달리 피라미드 상법에서는 일찍 시작해 조직의 꼭대기를 차지한 극히 일부만 큰돈을 벌어들이고, 대다수 사람들은 돈과 시간을 희생당하고 맙니다.

05. 사업을 시작하는 방법

시작하는 방식은 거의 다 비슷합니다. 네트워크 마케팅 비즈니스를 하고 있는 사람에게 사업을 전달받아 시작하는 것이지요. 그 사람은 자신이 참여하고 있는 네트워크 마케팅 회사의 제품과 서비스를 잘 알고 있을 겁니다. 이와 함께 그는 네트워크 마케팅 비즈니스가 안겨주는 멋진 라이프스타일도 당신에게 전달해줄 것입니다.

네트워크 마케팅 비즈니스와의 만남은 TV나 라디오 광고 등을 통해 이뤄지지 않습니다. 누군가와의 직접적인 만남으로 사업을 시작하게 되지요. 아마 네트워크 마케팅 비즈니스에 감동한 누군가가 그 감동을 당신에게 전달해줄 겁니다. 당신이 무언가에 감동했을 때 그 감동과 발견을 다른 사람에게 전해주는 것처럼 말입니다. 이것은 우리가 평소에 늘 하고 있는 자연스러운 행동입니다.

만약 스스로 회사를 결정했다면 그 회사에 전화를 걸어 사업자를 소개받는 것도 한 방법입니다. 건전하게 운영하는 회사라면 당신에게 활동적인 사업자를 소개해줄 것입니다.

일단 당신이 네트워크 마케팅 비즈니스의 가능성을 깨달았을 경우 자신이 어느 부분까지 관여할지 결정해야 합니다. 즉, 단순소비자로 남을지 아니면 사업자로 활동할지 말입니다. 이를 결정하기 위해서는 먼저 그 회사의 제품을 구입해 사용해봐야 합니다.

제품의 품질이 뛰어나고 가격이 적정하다면 당신은 애용자가 될 가능성이 큽니다. 그러다가 비즈니스에 관심이 생기면 소개해준 사람의 후원을 받아 사업을 진행할 수 있습니다. 이때 당신은 저렴한 가격으로 제품을 애용하는 것을 넘어 그것을 친구나 친척에게 전달합니다. 여기에서 조금씩 수입이 발생하지요. 그다음 단계로 나아가고 싶을 경우 누군가를 후원해 그 사람에게 유통 네트워크를 구축하는 방법을 전수해줍니다. 여기까지 진행되면 당신의 수입은 갈수록 늘어납니다.

당신이 소비자로 남든 사업을 하든 상관없습니다. 마음에 들어 애용하던 제품을 그만 써도 괜찮습니다. 당신이 잃을 것은 아무것도 없으니까요. 관건은 당신이 기회를 얻었을 때 그 기회를 얼마나 잘 활용하는가에 있습니다.

06. 네트워크 마케팅 비즈니스로 매달 올리는 수입

네트워크 마케팅 비즈니스의 좋은 점은 모든 것을 스스로 결정할 수 있다는 것입니다. 실제로 네트워크 마케팅 사업자는 사업뿐 아니라 수입도 스스로 결정하고 관리합니다. 당신의 수입은 당신이 얼마나 성실하게 사업에 임하는가에 따라 달라집니다.

만약 당신이 제품을 판매하려는 목적으로만 지인에게 다가간다면 큰 수입을 올리지 못할 겁니다. 매달 약간의 '추가수입'을 원하는 것이라면 이 방법도 나쁘지 않습니다. 반면 당신이 원하는 수입을 올려 인생을 바꾸고 꿈꿔온 생활을 하고자 한다면 진짜 사업을 해야 합니다. 즉, 기대하는 수입을 올리기 위해서는 네트워크를 구축해야 합니다.

먼저 배우십시오. 학교에서 가르치는 공부가 아니라 실질적인 비즈니스 구축 방법, 사람들을 후원하고 동기를 부여하는 법을 배우는 것입니다. 이것을 배우는 한두 달 동안에는 큰 수입이 없을지도 모릅니다. 그렇지만 그 기간의 낮은 수입에 그다지 신경 쓰지 마십시오.

배우는 기간이 끝나면 이후 엄청난 수입을 올릴 것입니다. 실제로 성실하게 사업에 임해 2~3년 안에 연수입 1억 원을 달성하는 사업자도 드물지 않습니다. 바로 이것이 네트워크 마케팅 비즈니스의 매력입니다.

07. 성공한 사람들의 최고 수입

네트워크 마케팅 비즈니스에서 최고 수입을 올리는 사람들은 그야말로 엄청난 수익을 창출하고 있습니다. 그중에는 월 1억 원을 버는 사람도 꽤 있지요. 이것은 연수입이 아니라 월수입입니다. 이들은 정말 '열심히' 사업을 합니다. 그렇다고 그들에게 특별한 재능이 있는 것은 아닙니다.

재능은 타고나는 사람도 있고 그렇지 않은 사람도 있습니다. 그러나 '열심히'는 누구나 마음만 먹으면 할 수 있는 것입니다. 네트워크 마케팅 비즈니스는 '얼마만큼 원하는가' 그리고 '계획적으로 행동하는가'에 모든 것이 달려 있습니다.

당신이 자신의 '열심히'를 일깨운다면 어떻게 일해야 하는가는 네트워크 마케팅 비즈니스가 알려줄 것입니다. 최고 수입을 '돈'으로만 헤아리지는 마십시오. 네트워크 마케팅 비즈니스에서 최고 수입은 라이프스타일의 '품격'과도 관련이 있습니다.

네트워크 마케팅 비즈니스가 당신에게 안겨주는 것은 단순히 수입뿐이 아닙니다. 당신은 분명 그보다 더 가치 있는 것을 발견할 겁니다. 그것은 커다란 수입과 함께 인생을 자신이 생각하는 대로 즐기는 '자유로운 시간'입니다.

08. 제품과 서비스를 선택하는 방법

사실 제품을 선택하는 방법은 간단합니다. 당신에게 네트워크 마케팅 비즈니스의 장점을 소개한 사람은 분명 자신이 참여한 회사의 제품과 서비스를 소개할 것입니다.

네트워크 마케팅 회사의 제품과 서비스는 보통 품질이 우수합니다. 일단 제품을 써보십시오. 다른 사람의 얘기는 그 사람의 경험일 뿐 당신의 경험이 아닙니다. 만약 제품을 써봤는데 주위 사람들에게 추천하고 싶을 만큼 품질이 좋다면 그것이야 말로 당신이 선택해야 할 제품과 서비스입니다. 흔히 내게 좋으면 다른 사람들도 별다른 저항감 없이 그 제품을 받아들입니다.

일단 제품이 마음에 들면 그것을 다 사용했을 때 재주문할 확률이 높습니다. 실제로 네트워크 마케팅 회사가 취급하는 제품은 재주문율이 상당히 높습니다. 그만큼 품질이 우수하기 때문입니다.

누구나 마찬가지겠지만 제품이 좋으면 자연스럽게 주위에 추천하게 마련입니다. 가령 당신이 감명 깊게 본 영화나 책이 있을 경우 그것을 아는 사람에게 소개해주고 싶어서 입이 근질근질할 겁니다. 기회만 주어지면 심지어 전혀 모르는 사람에게도 "그 영화 정말 재미있어요!"라고 말할 것입니다.

깊이 감동을 받은 경우 사람들은 조금도 거리낌 없이 그 기분과 마음을 전달합니다. 직접 써보고 마음에 드는 제품을 고르면 그 경험을 진솔하게 잘 전달할 수 있기 때문에 제품을 나눠 쓸 기회가 늘어날 확률이 높습니다.

09. 제품 지식과 정보를 얻는 법

제품 지식과 정보를 얻는 데는 여러 가지 방법이 있습니다.

그중 가장 좋은 정보원은 당신에게 네트워크 마케팅 비즈니스를 소개해준 사람과 사업기회를 제공한 회사입니다. 네트워크 마케팅 사업자로 등록하면 모든 네트워크 마케팅 회사에서 제품이나 비즈니스 키트를 제공합니다. 이 키트에는 회사의 설립배경, 현황, 방침을 비롯해 회사가 제공하는 제품군의 설명서가들어 있습니다.

또한 서점에 가면 네트워크 마케팅 비즈니스와 제품을 소개하는 책을 다양하게 찾아볼 수 있습니다. 개중에는 특정 회사 브랜드를 공개적으로 홍보하는 내용도 있으나 그런 것도 활용할 가치는 충분합니다.

회사에 따라 정기적으로 제품 세미나를 개최하는 곳도 있으니 당신이 참여한 회사와 그룹의 시스템을 확인하는 것이 좋습니다. 무엇이든 알고 싶은 것이 있으면 혼자 고민하지 말고 스폰서나 업라인에 있는 사람들에게 물어보십시오.

특히 제품 지식을 터득하는 방법은 직접 구매해서 사용해보는 것이 최고입니다. 일상생활에서 매일 제품을 사용하다 보면 자연스럽게 제품의 좋은 점을 체험해 정보화할 수 있습니다. 물론 서적이나 팸플릿에서 얻은 지식도 중요하지만 그것은 스스로 경험하는 것만 못합니다. 직접 체험하거나 일정 기간을 두고 체득한 지식은 보다 큰 자신감과 신뢰를 불러일으켜 타인에게 제품을 소개하는 데 큰 도움을 줍니다.

10. 두 군데 회사에서 사업을 해도 될까

두 군데의 네트워크 마케팅 회사에서 일하고 싶을 경우 당신이 참여한 회사의 규정을 확인하고 그에 따라야 합니다. 개중에는 다른 네트워크 마케팅 회사의 제품과 서비스를 사용하지 못하도록 금지하는 회사도 있으나 대개는 계약에 명기할 만큼 엄격하게 금하지 않습니다.

규정사항에 이 부분을 확실하게 정한 내용은 없습니다. 따로 금지하지 않아도 바로 알 수 있으니까요. 동시에 두 군데 회사에 참여해 각각의 회사 제품을 사용할 경우 두 가지 문제가 발생합니다.

먼저 비즈니스를 관리하기가 어렵습니다. 네트워크 마케팅 비즈니스를 하려면 그룹 사람들과 개인적으로 만나 제품 경험담을 나누며 정보를 교환하고 관계 유지를 위해 노력해야 합니다. 그런데 두 군데 회사 제품을 다루다 보면 네트워크 마케팅 비즈니스에서 성공하는 데 꼭 필요한 집중력을 잃고 맙니다.

그다음으로 네트워크 마케팅 사업자로 일하면서 인생을 원하는 대로 즐기는 자유로움을 침해당합니다. 네트워크 마케팅 비즈니스로 누리는 것은 큰 수입이 전부가 아닙니다. 네트워크 마케팅 비즈니스는 즐거운 사업입니다. 만약 당신이 정확한 방법을 따른다면 한 회사에 참여하는 것만으로도 충분히 보상을 받을 수 있습니다. 여기에 다른 제품을 추가하면 사업 환경을 보다 복잡하게 만들 뿐입니다.

두 군데 회사에서 비즈니스를 하기 전에 네트워크 마케팅 비즈니스의 기본으로 돌아가 왜 사업을 하는지, 누구를 위해 하는지 다시 생각해봐야 합니다.

11. 네트워크 마케팅 회사의 교육과 후원

모든 네트워크 마케팅 회사가 사업자를 후원하고 그들에게 교육기회를 제공합니다. 후원 방법은 회사에 따라 다양합니다. 예를 들면 자사 제품과 서비스에 관해 명확한 정보를 제공하는 것은 물론 비즈니스를 시작하는 데 필요한 다운라인 관리법 같은 노하우를 상세하게 제공합니다. 개중에는 간단한 제품 팸플릿과 최소한의 마케팅 플랜 정도만 제공하는 회사도 있습니다.

하지만 주위 사람이나 가능성이 보이는 사람에게 연락하는 방법처럼 구체적인 내용은 스폰서에게 배워야 합니다. 회사는 넓은 범위에서 비전과 방향을 제시하고 이끌어주는 역할을 하고 세세한 내용은 스폰서들이 맡습니다. 즉, 구체적인 교육은 당신을 후원해준 사람이 중심입니다.

당신이 성공하는 데 필요한 기초교육은 스폰서가 책임지는 것입니다. 사실 스폰서의 최대 관심은 당신이 성공하도록 최대한 지원하는 일에 있습니다. 당신이 성공하는 데 필요한 모든 것을 충분히 익히는 것은 곧 스폰서의 성공과 관련이 있기 때문입니다.

회사와 스폰서 외에 스스로 더 공부할 방법을 찾는 사람은 책과 자료를 활용하십시오. 시중에는 당신이 궁금해 하는 내용을 구체적으로 다룬 책이 많이 나와 있습니다. 책을 고르기가 어렵다면 스폰서에게 추천을 받는 것도 좋습니다. 알고 하는 것과 모르고 하는 것에는 하늘과 땅만큼의 차이가 있습니다. 서적과 자료를 충분히 활용해 객관적 지식을 늘리십시오. 그것이 성공으로 가는 데 큰 힘을 실어줄 것입니다.

12.   어려운 문제가 생겼을 때 도움을 받는 방법

비즈니스를 진행하다가 어려운 일이 생기면 가장 먼저 당신의 스폰서에게 연락하십시오. 문제가 당신의 다운라인 내에서 생겼을 경우에는 당사자와 직접 만나 대화를 나누는 것이 좋습니다. 만약 업라인에게 도움을 받아야 한다면 필요한 도움을 얻을 때까지 스폰서 위의 업라인 순서를 따라가며 도움을 요청하십시오. 회사에 도움을 요청하는 것은 최후의 방법으로 써야 합니다.

어떤 조직에서든 문제가 생기면 먼저 그 진상을 파악하고 순서대로 해결하는 것이 최선입니다. 이것은 군대든 기업이든 네트워크 마케팅 비즈니스든 모두 마찬가지입니다.

조금만 더 깊이 생각해보면 해결방법을 찾을 수 있습니다. 그 이유는 두 가지입니다.

첫째, 내부에 '정보 체계'를 갖춘 조직은 문제 처리와 관련해 적절한 시스템을 갖추고 있습니다. 문제가 생기거나 도움이 필요할 때 모두가 어디에 가야 하는지 명확히 안다면 그것만으로도 충분합니다.

둘째, 상하관계에 상관없이 네트워크 내의 개인과 직접 접촉하는 것은 시간을 허비하지 않는 문제해결법입니다.

이러한 방법을 사용하면 관계자가 정보를 유출하거나 감정을 상할 일도 없습니다. 때로는 당신의 업라인 외에 다른 사업자에게 도움을 받을 때도 있습니다. 당신도 타인을 도울 일이 있으면 설령 당신의 그룹 구성원이 아니어도 아낌없이 협력하십시오. 자연의 이치라는 것이 도울 때가 있으면 도움을 받을 때도 있는 법입니다.

13. 네트워크 마케팅은 우수한 세일즈맨에게 유리한가

우수한 세일즈맨이란 어떤 사람을 말하는 걸까요? 낯선 집을 방문해 상대가 제품에 대해 어떻게 생각하는지 물어보지도 않고 배운 대로 영업 멘트를 내뱉으며 상대방이 거절해도 막무가내로 권하는 모습을 상상한다면 그것은 우수한 세일즈맨이 아닙니다.

아주 드물게 처음 보는 사람에게도 말을 잘 걸고 제품이나 사업 시스템을 잘 익혀 상대에게 자연스럽게 제품을 전달하는 사람도 있습니다. 이런 사람은 그야말로 타고난 세일즈맨이자 우수한 세일즈맨이라고 할 수 있지요.

그렇지만 무언가를 '파는' 능력은 선천적인 것으로 극히 일부만 지니고 있다는 생각은 옳지 않습니다. 최고의 세일즈맨은 성별에 상관없이 상대에게 무언가를 '팔려고' 하지 않습니다. 이들은 자신이 취급하는 제품이 정말 좋다고 믿으며 당신을 비롯해 모든 사람과 제품을 나눠 쓰는 것을 진심으로 기뻐합니다.

정말로 우수한 세일즈맨은 평범하되 어딘가 모르게 매력을 품고 있는 사람으로 자신이 취급하는 제품을 누군가에게 알리는 것을 기회로 여기며 기뻐합니다. 이 관점에서 판매란 자신이 좋다고 생각하는 무언가를 누군가와 나눠 쓰는 것을 말합니다. 이것은 결코 어려운 일이 아닙니다. 나눠 쓰는 능력은 우리 모두 태어날 때부터 지니고 있습니다.

14.　네트워크 마케팅 제품의 특징

네트워크 마케팅 회사가 취급하는 제품을 간단하게 평가하자면 대부분 고품질에다 가격이 적정합니다. 건전한 네트워크 마케팅 회사는 언제나 고품질의 제품을 제공하기 위해 최선을 다합니다. 그것이 파트너십 관계를 맺은 사업자들을 후원하는 좋은 방법 중 하나니까요.

당신의 비즈니스 성패가 단 한 번 사주는 상대가 아니라 매달 애용하는 사람의 평판에 달려 있다면, 당연히 좋은 제품을 제공하려 하지 않을까요? 네트워크 마케팅 비즈니스의 성패는 사람과 사람 간의 관계 그리고 좋은 입소문에 달려 있습니다. 결국 좋은 제품이야말로 네트워크 마케팅 회사가 성장하는 최우선 조건입니다. 이에 따라 성공적인 네트워크 마케팅 회사는 사업자나 소비자들이 스스로 애용하는 것은 물론 다른 사람에게 추천하고 싶어 할 만큼 제품의 우수성을 유지합니다.

여기에다 네트워크 마케팅 회사의 제품은 보통 '신선'합니다. 일반 상품은 제조에서 소비자에게 이르기까지 복잡한 과정을 거칩니다. 즉, 공장에서 나와 도매상, 소매상을 거쳐 소비자의 손에 이릅니다. 그것도 상점에 며칠 동안 진열되어 있다가 소비자의 눈에 띄어야 겨우 선택을 받습니다.

그뿐 아니라 네트워크 마케팅 회사는 일반 기업처럼 광고나 각종 캠페인, 화려한 패키지 등 유통 경로에 거액을 투자하지

않습니다. 대신 그 비용을 연구개발이나 제품의 품질, 기업의
장기적인 안정 유지에 투자합니다.

15. 비즈니스 시작 후 수입이 발생하는 시점

네트워크 마케팅 비즈니스에서 수입을 얻는 방법은 두 종류
로 나뉩니다.

첫 번째는 제품 판매로 얻는 수입입니다. 당신이 누군가에
게 제품을 판매하면 '소매이익'을 얻는 것이 가능합니다. 사업
자인 당신이 회사로부터 제품을 회원가로 구입해 소비자에게
정가로 판매하면 거기에서 소매이익이 발생하는 것입니다. 이
러한 소매이익은 사업을 시작한 그 순간부터 얻을 수 있습니
다.

두 번째는 당신이 구축한 네트워크에서 제품 이동이 일어
날 경우 그 매출액에 따라 얻는 '사업소득'입니다. 사업소득을
얻는 데는 조금 시간이 걸립니다. 당신이 네트워크를 구축하고
그 안에서 제품 이동이 일어나야 하니까요. 보통 4~5개월째부
터 수입이 발생합니다. 그러나 그 금액은 소매이익에 비해 월

등히 큰 액수로 차이가 납니다.

당신이 직접 판매를 해서 얻는 수입은 큰 금액이 아닐 수도 있습니다. 만약 소매이익으로 큰 수입을 올리고자 한다면 판매량이 아주 많아야 합니다. 그렇다고 여기에 큰 무리가 따르는 것은 아닙니다. 네트워크 마케팅 제품은 일반적으로 경쟁상품에 비해 품질이 좋고 가격이 합리적이라는 잘 팔릴 조건을 갖추고 있기 때문입니다.

그렇지만 네트워크 마케팅 비즈니스에는 그보다 더 뛰어난 수익 창출 방법이 있습니다. 그 방법을 선택하면 기대한 것보다 더 큰 수입을 올릴 수 있지요.

우선 당신이 약간의 시간과 노력을 투자해 사업을 배우고 네트워크 마케팅 비즈니스의 놀라운 기회를 누군가에게 전달합니다. 그러면 사업기회를 전달받은 그 사람도 당신을 복제해 약간의 시간과 노력을 투자해 사업을 배우고 사업기회를 다른 사람에게 전달합니다. 이처럼 당신을 복제하는 작업이 반복적으로 이뤄지면 어느새 당신의 네트워크가 탄탄하게 구축됩니다.

당신이 비즈니스의 기초를 제대로 전달할 경우 일련의 활동을 다운라인이 복제하면서 또 다른 사람에게 똑같이 전달해

점점 커다란 네트워크가 형성됩니다. 그 네트워크 안에서 제품 이동이 일어나면 네트워크가 확장될수록 수입이 어마어마하게 늘어납니다. 이것이 바로 네트워크 마케팅 비즈니스 시스템입니다.

혼자서 열심히 소매판매를 하는 것과 거대한 네트워크 안에서 동시다발적으로 엄청난 매출이 일어나는 것의 차이를 상상해보십시오. 당신이 시스템을 따르면 다른 일반적인 사업과 차원이 다른 수입을 올릴 수 있습니다.

16. 풀타임으로 해야 할까, 파트타임으로 해야 할까

네트워크 마케팅 비즈니스를 한다고 곧바로 현재 하는 일을 그만둬야 하는 것은 아닙니다. 시간이 흐르면 네트워크 마케팅 사업을 풀타임으로 하기에 적당한 순간이 오므로 그 이전까지는 현재의 일을 지속하는 것이 좋습니다.

단, 자신이 돈을 벌지 않아도 생활이 유지된다면 처음부터 네트워크 마케팅 비즈니스에 풀타임으로 뛰어들어 진지하게 진행하는 것도 괜찮습니다. 그러나 자신이 돈을 벌어야 생활을 유지할 수 있다면 네트워크 마케팅 비즈니스가 어느 정도 안정세를 타기까지는 생활을 유지할 수입을 포기하지 않는 것이 바람직합니다.

일반적으로 무언가 새로운 일을 도모할 때는 그에 따르는 여러 가지 문제를 처리해야 합니다. 예를 들면 자본금을 마련하거나 사무실 장소를 찾는 일 등이 있습니다. 여기에는 고액의 비용과 많은 시간 투자가 필요하지요.

네트워크 마케팅 비즈니스는 전혀 다릅니다. 이 사업에는 자본금이나 사무실이 필요치 않습니다. 이처럼 초기투자금이 거의 없기 때문에 별다른 위험부담이 없지요. 네트워크 마케팅 비즈니스는 그야말로 이상적인 라이프스타일을 실현할 기회를 주는 최고의 수단입니다.

그러므로 이왕이면 마음을 단단히 먹고 진지하게 임하는 것이 좋습니다. 특히 비즈니스를 시작해 네트워크가 확장되고 수입이 늘어나기 시작하면 네트워크 마케팅 비즈니스에 온힘을 쏟아 붓겠다는 결정을 해야 합니다. 네트워크 마케팅 비즈니스에 진지하게 임할 경우 이런 기회는 금방 찾아옵니다. 문제는 진지하게 임할 수 있는가에 있습니다.

처음부터 진지하게 임할 상황이 아니라면 투잡 개념으로 마음 편하게 시작하십시오. 이 경우에는 목표와 스케줄을 명확히 정해 시간을 효과적으로 사용하는 것이 무엇보다 중요합니다.

17. 두 사람에게 후원받을 수 있는가

대다수 네트워크 마케팅 회사는 두 사람에게 후원받는 것을 허용하지 않습니다. 어떤 직종에든 지켜야 할 규율이 있는 법입니다. 네트워크 마케팅 비즈니스도 예외가 아닙니다. 이것은 당신이 참여한 네트워크 마케팅 회사와 계약한 규정과 관련된 내용입니다.

조금만 더 깊이 생각해보면 그 이유는 명확합니다.

당신의 네트워크에 스폰서가 두 명인 상황을 상상해보십시오. 회사의 입장에서는 일이 굉장히 복잡해질 것입니다. 같은 네트워크 안에서 옥신각신하며 다툼이 벌어질 확률도 높고요. 이것은 일반 조직의 같은 팀에 팀장이 두 명인 상황과 같습니다. 업무가 같은데 팀장이 두 명이면 체계적인 일처리가 가능할까요? 당연히 일이 복잡해지고 온갖 알력이 생겨날 것입니다.

'스폰서' 정책은 당연히 존재해야 하고 그에 따라 네트워크 마케팅 비즈니스의 사업이 성립하는 것입니다. 하지만 여러 사람이 복잡하게 얽히는 것은 오히려 원활한 사업 진행을 방해할 뿐입니다.

때로 타인의 다운라인을 자신의 그룹으로 끌어들이려 하는 경우도 있습니다. 이것은 명백한 규정 위반입니다. 규정에 따라 스스로 노력해서 성공을 이루는 것이 올바른 비즈니스입니다.

또한 스폰서가 마음에 들지 않는다고 스폰서를 바꾸고 싶다고 말하는 사람도 있습니다. 너무 마음에 들지 않아 처음부터 다시 시작하고 싶을 정도라면 규정에 따라 바꾸는 수밖에 없습니다. 회사마다 약간씩 차이는 있지만 사업자 계약을 말소하고 몇 개월간 공백 기간을 두면 새롭게 등록이 가능한 경우도 있습니다.

18. 사업상의 나이 제한

미성년자는 등록할 수 없다는 것을 제외하면 네트워크 마케팅 사업자로 활동하는 데 연령 제한은 전혀 없습니다. 다만 독자적인 입장에 따라 학생이 사업자로 활동하는 것을 제한하는 회사도 있습니다. 연령 제한이 없다는 것은 상당히 좋은 조건이기 때문에 많은 사람들이 여기에 매력을 느껴 네트워크 마케팅 비즈니스를 선택하고 있습니다.

이것은 네트워크 마케팅을 빛내주는 장점 중 하나입니다. 네트워크 마케팅 비즈니스가 인생을 얼마나 멋있게 보내도록 환경을 바꿔주는지 그 가능성을 깨달은 사람은 이 사업에 진지하게 임합니다.

사실 일자리를 찾는 많은 사람이 연령 제한에 걸려 취업 기회를 박탈당하는 사례가 아주 많습니다. 알고 있다시피 노동시장에서는 똑같은 조건이라면 나이가 어린 쪽을 선호합니다. 이것은 어느 한 나라에 국한된 문화가 아니라 전 세계적인 추세입니다.

그렇지만 보다 오랜 세월을 살아온 사람은 경험이 많으므로 그 나름대로 사회에 공헌할 기회가 주어지는 것이 마땅합니다. 이러한 사실을 염두에 둔 네트워크 마케팅 비즈니스는 모든 연령층을 보편적으로 환영합니다.

네트워크 마케팅 비즈니스에서 성공하는 데 나이는 전혀 제한 조건이 아닙니다. 모든 사람에게 공평하게 기회를 제공하기 때문입니다. 보다 질 높은 라이프스타일을 원하는 사람이면 누구나 연령에 상관없이 사업을 진행할 수 있습니다.

나아가 몸이 불편하든 아니든, 남자든 여자든, 부자이든 가난한 사람이든 그런 것은 비즈니스와 아무런 상관이 없습니다. 그리고 개인적인 배경이 어떠하든 출발선은 누구나 똑같습니다. 네트워크 마케팅 비즈니스는 모든 사람을 똑같이 대함으로써 기회의 평등을 가르치는 사업입니다. 누구에게나 자신이 원하는 삶을 살아갈 권리가 있으니까요.

만약 당신에게 꿈이 있다면 그 꿈을 반드시 이룰 수 있을 것입니다. 개개인에게 자신의 꿈을 이룰 기회를 제공하는 네트워크 마케팅 비즈니스에서라면 말입니다.

19. 비즈니스에 필요한 도구와 장비

네트워크 마케팅 비즈니스는 사람이 사람에게 전달하는 사업입니다. 그러므로 성공하는 데 가장 중요한 것은 누군가와 접촉하는 일입니다. 접촉의 중심은 제품 애용자, 회사, 스폰서 그리고 자신이 후원한 사람입니다. 특히 당신이 후원해서 사업자로 성장할 가능성이 큰 사람과는 매우 진지하게 접촉해야 합니다.

사람은 누구나 살아가는 스타일이 각자 다릅니다. 제품을 추천하는 방법도 사람마다 다릅니다. 그렇기 때문에 사람들과 어떤 수단을 활용해 연락하고 접촉할 것인가에 정해진 방법은 없습니다. 당신에게 고성능 컴퓨터가 필요하다면 마련하는 것도 좋습니다. 고가의 휴대전화에 관심이 많다면 그것은 당신의 취향이므로 원하는 대로 하십시오.

가장 중요한 것은 상대를 배려해야 한다는 점입니다. 내가 어떤 도구와 장비를 쓰든 그것이 상대에게 불편함을 주어서는 안 됩니다. 상대방을 먼저 배려하면서 당신이 취하는 접근법이 상대에게 적절한지 판단해 스스로 '클리어 존(방해받지 않는 구역)'을 만들어보십시오.

가급적 직접 만나 대화하는 것이 좋지만 상대의 바쁜 시간을 억지로 빼앗으려 하지 말고 휴대전화나 컴퓨터를 활용하는 것도 좋습니다. 상대가 부담을 느끼면 아무리 좋은 얘기를 해도 상대는 귀담아듣지 않습니다. 비즈니스에 필요한 도구나 장비는 당신이 필요하다고 보는 것을 중심으로 구비할 것을 추천합니다.

20. 매일 비즈니스에 할애하는 시간

매일 얼마나 많은 시간을 비즈니스에 할애할 것인가는 개개인에 따라 다릅니다. 단, 처음 몇 개월은 주 5~10시간을 할애할 계획을 세워야 합니다. 물론 그 이상의 시간을 할애해도 전혀 상관이 없습니다. 여기서 말하는 5~10시간은 필요한 최소 시간을 의미합니다.

더 중요한 것은 얼마나 긴 시간을 비즈니스에 할애하는가가 아니라 그 시간을 '어떻게 활용하는가'입니다. 즉, 시간을 알차게 활용해야지 무작정 길게 할애한다고 성공하는 것은 아닙니다.

예를 들어 당신이 제품 판매에만 전념하기로 마음먹었다고 해봅시다. 이때 아침부터 저녁까지 명단에 오른 사람들에게 전화를 걸고 일일이 찾아다닐 수도 있습니다. 하지만 그렇게 혼자 판매에 몰두하면 들인 시간과 노력에 비해 성과가 보잘것없습니다. 더구나 이런 방법은 결코 즐겁지 않습니다. 네트워크 마케팅 비즈니스에서는 내가 제품을 사용해본 경험을 전달하면서 사업을 즐기는 사람이 성공할 확률이 높습니다.

그러므로 제품 판매에 몰두하기보다 다운라인 네트워크 구축에 더 신경을 쓰는 것이 좋습니다. 네트워크를 구축할 때는 '힘든 길'과 '현명한 길'이 있습니다. 힘든 길이란 잠재사업자에게 네트워크 마케팅 비즈니스에 관해 이것저것 설명하고 질문에 대답하는 데 많은 시간을 소비하는 방식을 말합니다. 이때 당신은 이야기를 마치기 전까지는 상대가 흥미를 보일지 아닐지, 비즈니스를 시작할지 하지 않을지 모릅니다.

현명한 길은 시간을 오래 들이지 않고 대화한 뒤 상대에게 설명이 포함된 자료를 건네주고 자리를 뜨는 방법입니다. 자료에는 책이나 CD, 팸플릿 등이 있습니다. 이것은 네트워크를 크게 확장해가는 효과적인 방법으로 특히 초기에 그 효과가 뛰어납니다. 상대는 시간이 날 때 그 자료를 검토해보고 '예' 혹은 '아니요'를 결정해 답변을 해줍니다. 만약 거절할 경우에도 제품 사용자로 남을 가능성이 있으므로 여기서 포기하면 안 됩니다.

21. 가능성을 100퍼센트 확신할 수 있는가

원래 자신이 하고 있는 것이 100퍼센트 맞는지 완벽하게 알 수 있는 방법은 없습니다. 그렇지만 적어도 무언가 행동하지 않으면 얻을 수 있는 것은 아무것도 없습니다. 경험이 없다고, 처음이라고 피하면 세상에 해낼 수 있는 일은 그 무엇도 없습니다. 태어나면서부터 경험을 쌓고 나오는 사람은 없으니까요.

사람은 누구나 많든 적든 과거를 돌아보며 후회하면서 인생의 후반기를 보냅니다. 이들은 종종 '그때 그렇게 했더라면', '이렇게 해볼 걸', '그것만 있었다면', '이렇게 했었다면' 하는 말을 합니다.

이처럼 대개는 무언가를 하지 않은 것을 후회합니다. 이제라도 더 나이가 들어 후회하기 전에 '무언가를 해보기'에 초점을 둬야 합니다.

당신 주위에 "그때 그 땅을 샀어야 했다"라며 후회하는 사람이 있지 않습니까? 당신이 지금 네트워크 마케팅 비즈니스를 만난 것도 그와 같은 기회라고 할 수 있습니다. 설령 사업에 도전해 뜻대로 풀리지 않아 주저앉더라도 잃는 것은 약간의 시간과 노력뿐입니다. 그러나 그 결과는 해보지 않고는 아무도 모릅니다. 네트워크 마케팅 비즈니스가 '그 땅'일지 누가 알겠습니까.

22. 네트워크 마케팅 비즈니스 학교

네트워크 마케팅 비즈니스를 시작하기 위해 따로 돈과 시간을 투자해 배워야 하는 것은 아닙니다. 흔히 말하는 학원이나 학교에 다닐 필요는 없지요. 네트워크 마케팅 비즈니스 대학은 존재하지도 않고 네트워크 마케팅 비즈니스 전문학교도 없습니다. 다행스럽게도 우리는 학사나 석사 자격을 얻기 위해 애쓸 필요가 없습니다.

네트워크 마케팅 비즈니스 세계에서는 사업에 참여하는 것 자체가 자격을 갖춘 셈입니다. 다만 일단 사업을 시작했다면 서둘지 말고 3~6개월 동안 주 5~10시간을 할애해 '학교에 다니는 느낌'으로 임해야 합니다. 즉, 열심히 진지하게 배워야 합니다.

이 기간 동안 당신은 네트워크 마케팅 비즈니스를 정확히 알고 거기에 익숙해질 수 있습니다. 물론 이 기간의 스케줄은 당신이 자신의 상황에 맞춰 조절할 수 있습니다. 주말이나 하루의 일과를 끝낸 저녁에 세미나에 참석해도 괜찮습니다. 혼자서 영상을 보며 공부하는 방법도 있습니다. 당신을 후원해준 사람과 점심식사를 하면서 이야기를 나누거나 네트워크 마케팅 비즈니스를 통해 새로 알게 된 동료와 교류해도 좋습니다.

당신이 배우는 내용은 다른 사람에게 네트워크 마케팅 비즈니스의 좋은 점을 어떻게 전달하는 것이 좋은지, 어떻게 하면 새로운 사람을 후원해 다운라인을 넓힐 수 있는지, 어떻게 다운라인을 성장시켜 스스로 네트워크를 확장해가도록 할지 등입니다.

가장 중요한 것은 당신이 남 밑에서 일하는 것이 아니라 1인 사업가로서 자기 인생을 주체적으로 살아가는 만족감을 배우는 일입니다. 나아가 다른 사람에게 그 만족감을 전달하고 그 사람도 당신처럼 다른 사람에게 전달하도록 가르쳐야 합니다. 이것이 네트워크를 즐겁게 확장해가는 길입니다.

23. 인맥 관리 요령

네트워크 마케팅 비즈니스가 사람과 사람 간의 관계 속에서 사업이 이뤄진다고 해서 꼭 인맥이 넓어야 하는 것은 아닙니다. 더구나 당신 자신만 깨닫지 못할 뿐 조금만 신경 쓰면 당신 주변에 사람이 많다는 것을 알게 될 것입니다.

사실 매일 일하면서 만나는 사람들, 개인적인 일로 만나는 사람들만 헤아려 봐도 당신이 네트워크 마케팅 비즈니스를 시작하는 데는 전혀 문제가 없습니다. 아는 사람 중에 자기 인생을 스스로 결정하고 보다 윤택한 삶을 살기 위해 진지하게 고민하는 사람을 다섯 명만 발견해도 사업을 순조롭게 진행할 수 있습니다.

특히 네트워크 마케팅 비즈니스에서는 다른 비즈니스와 달리 이제부터 만나는 사람을 포함한 '모든 사람'이 당신의 네트워크에 참여할 가능성이 있습니다. 즉, 미성년자를 제외한 모든 사람이 잠재사업자입니다. 산술적으로 아는 사람이 딱 다섯 명밖에 없어도 그들에게 한 명씩 소개를 받으면 아는 사람이 금세 열 명으로 늘어납니다. 그렇지 않습니까?

누군가를 후원할 기회는 얼마든지 있습니다. 당신이 진지하게 사업에 임하기만 한다면 말입니다. 또한 최근에는 갑자기 직장을 잃고 곤란한 처지에 놓인 사람이나 사회에서 소외된 사람들(경력 단절을 겪는 여성, 정리해고당한 중년층, 외국인 등)이 증가하고 있습니다. 네트워크 마케팅 비즈니스는 모든 성인에게 공평하게 기회를 주므로 인맥이 좁다고 고민할 필요가 없습니다.

24. 단기간에 승부를 볼 수 있는가

네트워크 마케팅 비즈니스는 자기 자신을 위한 사업입니다. 따라서 누군가의 명령을 받거나 상사의 눈치를 보며 일하는 경우는 없습니다. 네트워크 마케팅 비즈니스에 참여하는 모든 사업자가 자기 사업을 하는 '사장'이기 때문입니다.

어디까지나 자기 사업이므로 꿈을 이루기 위해서는 자신의 목표와 스케줄을 스스로 관리하며 사업을 진행해야 합니다. 스스로 행동하지 않으면 당연히 아무 일도 일어나지 않습니다. 즉, 샐러리맨의 개념과는 전혀 다릅니다. 이 사업은 움직이지 않으면 돈을 벌기는커녕 오히려 바닥으로 떨어지고 맙니다. 내가 노력한 만큼 결과가 주어지기 때문입니다.

단, 꾸준히 노력하면 결과는 반드시 눈에 보입니다. 네트워크 마케팅 비즈니스가 노력하는 사람에게 '인세수입'과 '시간적 여유'를 안겨주니까요.

인세수입이란 당신이 반드시 일하지 않아도 계속 들어오는 수입을 말합니다. 이것은 베스트셀러 책이나 음반을 낸 사람들의 저작권 수입과 같은 개념입니다. 정해진 시간 동안 정해진 곳에서 일하지 않으면 돈을 벌 수 없는 노동수입과는 전혀 다릅니다.

당연히 이 수입도 큰 기쁨을 안겨주지만 시간적 여유 역시 실제로 느껴보지 않으면 그 만족감을 실감하기 어렵습니다. 아이가 아프거나 집안에 급히 볼일이 생겼는데 일 때문에 곤란했던 기억이 몇 번쯤은 있을 것입니다.

혹시 일 때문에 자신에게 중요한 것을 놓친 적은 없습니까? 네트워크 마케팅 비즈니스가 안겨주는 라이프스타일은 내가 원하는 대로 살아가는 삶입니다. 그 매력적인 라이프스타일을 꿈꿔보십시오.

25. 방문판매와의 차이점

네트워크 마케팅 비즈니스를 하면서 집집마다 방문해 판매하는 것을 선호한다면 시도해도 상관없습니다. 개중에는 거절을 당해도 집집마다 돌아다니며 판매하거나 전화로 판매를 권유할 때 즐거움을 느끼는 사람도 있습니다.

그러나 대다수에게 이러한 판매 활동은 고통일 뿐 즐거운 일이 아닙니다. 거절당할 확률을 따져 봐도 이 방법이 효과적이라고 말하기는 어렵습니다.

네트워크 마케팅 비즈니스 세계에서는 정확한 방법으로 거대한 네트워크를 구축해 원활한 유통을 도모하는 방법을 '스마트한 움직임'이라고 말합니다. 그런 의미에서 볼 때 집집마다 돌아다니며 판매하는 것은 자기 자신과 즐거운 인생을 위한 '현명한 방법'이 아닙니다.

오히려 이것은 하루하루를 견뎌내는 '고통스러운 일'이라 할 수 있습니다. 이왕이면 즐겁게 일하는 방법을 선택하십시오. 즐겁게 일하면 성공할 가능성이 훨씬 더 커집니다.

26. 학력이 사업에서 성공하는 데 영향을 주는가

네트워크 마케팅 비즈니스를 시작하는 데 학력은 전혀 상관이 없습니다. 대학을 졸업한 것이 오점은 아니지만 네트워크 마케팅 비즈니스에 대학졸업장이 도움을 주는 것도 아닙니다.

더구나 학교에서 가르쳐주는 복잡한 이론적 분석은 당신이 매일 직면하는 현실적인 문제에 거의 도움이 되지 않습니다. 오히려 높은 학력은 사물과 현상을 필요 이상으로 복잡하게 생각하도록 만들 위험이 있습니다. 네트워크 마케팅 비즈니스의 기본 원리는 단순함 속에 담긴 불가사의한 힘입니다.

네트워크 마케팅 비즈니스와 관련해 여러 가지 책에 정통하고 대다수 문제를 논리정연하게 설명할 수 있더라도 '후원'을 행동으로 옮기지 않으면 달라지는 것은 없습니다. 네트워크 마케팅 비즈니스에서 원하는 결과를 얻으려면 행동해야 합니다. 입으로만 얘기하는 것은 아무 의미가 없습니다.

그 행동에는 학력도 논리적인 지식도 필요가 없습니다.

가령 골프를 생각해봅시다. 우리 주변에는 여러 가지 책을 읽고 연구해 골프 이론에 정통한 골프 전문가가 꽤 있습니다. 하지만 이론으로 골프를 치는 것은 아닙니다. 무언가 결과를 내려면 직접 볼을 쳐야 합니다. 정확히 볼을 치려면 이론보다 적절한 연습이 필요합니다. 몸에 익숙해질 정도로 충분히 연습해야 하는 것입니다.

네트워크 마케팅 비즈니스도 마찬가지입니다.

27. 주부이자 훌륭한 비즈니스우먼

네트워크 마케팅 비즈니스의 뛰어난 장점 중 하나는 '재택 근무'가 가능하다는 것입니다. 다시 말해 당신의 스케줄에 맞춰 비즈니스를 구축할 수 있습니다.

네트워크 마케팅 비즈니스에서는 활동 시간을 스스로 조절합니다. 즉, 가정일이나 가족을 돌보는 일과 충분히 병행할 수 있습니다. 네트워크 마케팅 비즈니스를 한다고 아이를 유치원에 보내거나 데리러가는 시간을 변경할 필요는 없지요. 손이 많이 가는 아이가 있어도 아이가 놀거나 낮잠을 자는 시간을 활용해 비즈니스 활동을 할 수 있습니다.

물론 온전히 집안일만 할 때보다는 힘들 겁니다. 대신 네트워크 마케팅 비즈니스를 하면 돈을 벌면서 생활 속의 잡다한 일을 처리할 수 있다는 이점이 있습니다. 더구나 네트워크 마케팅 회사가 취급하는 제품에는 일상생활용품이 많기 때문에 그것을 직접 사용하는 주부에게 이점이 많습니다.

좋은 제품을 사용해보고 평소처럼 그 우수성을 주위에 알리는 것으로 비즈니스를 시작하면 됩니다. 주부들만큼 입소문에 강한 전문가도 드뭅니다.

다만 네트워크 마케팅 비즈니스는 새로운 비즈니스이자 도전적인 비즈니스이므로 시간 관리를 잘해야 합니다. 특히 아이가 있는 여성이 일할 때는 시간을 어떻게 활용하는가가 관건입니다. 천천히 착실하게 네트워크를 구축할 생각으로 여러 가지 교육 자료를 잘 활용하면 주부도 성공할 수 있습니다. 주부이자 훌륭한 비즈니스우먼으로 인정받을 날이 반드시 올 것입니다.

28. 가족의 반대를 극복하는 법

네트워크 마케팅 비즈니스에 도전하면서 가족의 반대에 부딪히는 사람이 의외로 많습니다. 당신이 지금까지 해온 일과 다른 방향으로 나아가려 할 때 아무것도 모르는 가족의 입장에서는 불안하게 생각하는 것이 당연합니다.

사람은 누구나 안정적인 생활과 안전한 인생을 꿈꾸며 잘 모르는 것에는 불안감을 느껴 저항합니다. 만약 당신이 네트워크 마케팅 비즈니스를 시작했다면 이 새로운 비즈니스의 가능성을 상대가 이해하도록 배려하고, 새로운 모험이 안겨주는 감동을 나눠 갖는 것이 중요합니다.

물론 이것이 쉽지는 않습니다. 아무리 가족이라도 나와 생각이 모두 같을 수는 없습니다. 애써 설명하고 설득해도 상대가 흥미를 보이지 않으면 무리하게 권유하거나 강요하지 마십시오. 단, 당신이 지금부터 무엇을 시작할 것인지는 알려주어야 합니다.

상대가 귀담아들어준다면 네트워크 마케팅 비즈니스의 기본 성격을 상세히 설명해 조금씩 마음의 문을 열도록 해야 합니다. 특히 당신이 시작한 비즈니스가 가정의 일상생활에 큰 영향을 주지 않도록 신경 써야 합니다.

만약 당신이 주부라면 지금까지 잘해온 집안일을 더 열심히 하세요. 자신의 일상생활에 별다른 불편이 없으면 가족은 크게 반대하지 않고 이해해줄 가능성이 큽니다.

당신의 노력에 따른 보상은 반드시 돌아옵니다. 그리고 당신의 노력으로 생긴 추가수입은 가족 모두에게 기쁨으로 돌아갈 것입니다. 그때가 되면 가족 모두가 당신의 노력을 진심으로 인정하고 격려해줄 겁니다.

29. 비즈니스맨다운 단정한 옷차림과 정중한 태도

네트워크 마케팅 비즈니스에 진지하게 임하는 태도에서 무엇보다 중요한 것은 당신의 '자신감'입니다. 이 사업을 하다 보면 당신의 내면에서 가령 제품에 대한 자신감, 네트워크 마케팅 비즈니스가 안겨주는 라이프스타일을 대하는 자신감 등이 생겨납니다.

당신의 생활이 쾌적하고 편안하다면 그 자신감은 자연스럽게 생길 것입니다. 예를 들어 언제나 마음에 드는 옷을 입는 것, 주위에서 사람들이 자연스럽게 다가와 대인관계가 넓어지는 것도 자신감을 키워주는 요소 중 하나입니다.

어떤 사람은 정장에 넥타이를 매는 것을 좋아하고 또 어떤 사람은 캐주얼 복장을 좋아합니다. 옷은 상황에 따라 적절히 갖춰 입으면 됩니다. 때론 옷이 마음에 들지 않아도 상대와 장소의 분위기에 따라 복장을 갖춰 입는 것이 바람직합니다.

당신 자신을 '상대가 최고의 생활을 누리도록 돕는 라이프스타일 트레이너'라고 생각해보십시오. 그런 생각을 하면 중요한 것은 단순히 어떤 옷을 입는가가 아니라 당신의 모습 그 자체라는 것을 깨닫게 될 것입니다. 상대에게는 당신 자신이 네트워크 마케팅 비즈니스가 안겨주는 라이프스타일의 산증인입니다.

당신의 태도가 긍정적이고 진보적이면 상대는 당신이 권하는 비즈니스도 긍정적이고 성장하는 사업일 거라고 생각할 확률이 높습니다. 더 중요한 것은 당신의 태도입니다. 단정한 옷차림이 2차적이라면 정중한 태도는 1차적입니다. 물론 어떤 상황에서든 둘 다를 갖춰서 상대에게 좋은 인상을 남기는 것이 가장 좋습니다.

초보 사업자를 위한
가이드

01. 자신이 네트워크 마케팅 사업자임을 주위에 알리는 방법

사업자마다 네트워크를 구축하는 방법에 조금씩 차이가 있습니다. 먼저 처음 시작할 때는 서둘지 않고 꾸준히 주의 깊게 진행하는 것이 좋습니다. 그리고 서서히(아주 서서히 구축하라는 얘기는 아닙니다) 비즈니스에 대한 집중력을 높여가는 것이 자연스러운 방법입니다.

그 과정에서 자신이 얼마나 많은 사람을 알고 있고 또 얼마나 많은 사람을 매일 만나는지 깨닫습니다. 가족을 통해 만난지인, 동료, 일 때문에 만난 사람, 어쩌다 만난 사람 등 매일 개인적으로 사람들과 접촉하다 보면 당신 주변에 네트워크 마케팅 비즈니스를 전달해야 할 상대가 무수히 많다는 것을 알게 됩니다.

당신의 비즈니스가 점점 성장하면 활동 범위는 보다 넓어집니다. 예를 들어 전화로 먼 곳에 사는 지인에게 비즈니스를 전하거나 라이프스타일 교육이라고 부를 수 있는 교육 활동 혹은 자기계발 활동을 할 수 있지요.

이제 막 네트워크 마케팅 비즈니스를 시작한 당신이 너무 먼 미래를 생각할 필요는 없습니다. 매일 일상생활 속에서 지금의 당신처럼 자신의 삶을 스스로 개척하고 싶어 하는 의욕적인 사람을 발견하려 노력하는 것이 가장 중요합니다.

02. 친구나 친척에게 자연스럽게 비즈니스 소개하기

비즈니스를 소개할 때는 상대가 강요받는다고 생각하지 않도록 주의해야 합니다. 실은 누구에게도 강요할 필요가 전혀 없습니다.

네트워크 마케팅 비즈니스의 엄청난 가능성을 누군가에게

말할 때 가장 염두에 두어야 하는 것은 자연스러운 태도로 말해야 한다는 점입니다. 가령 과장하거나 포장하지 않고 또한 어깨에 힘을 주지 않고 평소에 하던 대로 자연스러운 분위기 속에서 말하는 것이 중요합니다.

특히 유별난 판매 기술을 사용하는 것은 금물입니다. 네트워크 마케팅 비즈니스는 결코 물건을 판매하는 일이 아닙니다. 품질이 우수한 제품을 직접 써보고 그 경험담을 전달하면서 네트워크를 구축해 제품을 나눠 쓰는 일입니다.

비즈니스를 소개할 때는 성실하고 진지하게 말함으로써 네트워크 마케팅 비즈니스를 신뢰하게 해야 합니다. 당신이 네트워크 마케팅 비즈니스에 열중하고 있음을 누군가에게 전달하고자 할 때 생각해야 할 것은 처음 사업을 시작할 무렵 당신이 가능성을 보고 느낀 감동입니다. 목표를 이룰 가능성, 사랑하는 가족과 자신을 위한 라이프스타일을 실현할 가능성을 보고 감동하지 않았나요?

더구나 재택근무가 가능해 일상생활에 큰 변화를 주지 않아도 일에 열중할 수 있다는 점이 네트워크 마케팅 비즈니스의 커다란 매력입니다.

기회는 당신을 위해 존재합니다. 그리고 당신 주위에는 당신과 생각이 같은 사람이 많습니다. 그들도 당신이 바라는 인생을 추구하며 그런 인생을 위해 당신처럼 노력하는 것을 어려워하지 않을 겁니다. 단지 그들에게 부족한 것은 '원하는 인생을 살기 위해 무엇을 해야 하는가'에 관한 노하우입니다.

당신은 그들에게 그 노하우를 제공할 수 있습니다. 이것은 전혀 강요할 필요가 없습니다. 무리해서 무언가를 판매하려 할 필요도 없습니다. 이 비즈니스에서 당신이 해야 할 일은 자신의 경험 및 지식을 당신과 생각이 같은 사람에게 솔직하게 전달하는 것입니다.

03. 비용을 스스로 부담한 광고의 효과

굳이 자비를 들여 광고할 필요는 없습니다. 어떤 비즈니스에서도 사람의 입에서 입으로 전달되는 '입소문'을 이길 광고는 없지요. 여기에는 그만한 이유가 있습니다.

먼저 많은 사람이 가족이나 친구 등 친한 사람에게 듣는 정보를 가장 신뢰합니다. 이것은 제품과 서비스의 경우에도 마찬가지입니다.

그다음으로 설령 모르는 사람일지라도 얼굴을 보며 무언가를 추천해주면 대면하지 않는 경우보다 더 신뢰합니다. 얼굴을 보고 얘기하면 분위기와 느낌에 따라 가깝게 느껴지는 경우가 많기 때문입니다. 얼굴을 맞대고 듣는 목소리는 라디오나 TV에서 흘러나오는 목소리와는 다릅니다.

결국 잠재고객에게 가장 효과적인 것은 얼굴을 직접 보면서 대화하는 것입니다. 바로 그 힘이 네트워크 마케팅 비즈니스의 기반입니다. 다시 말해 그것은 제품의 우수성을 전달하고 다운라인을 확장해가는 원천이지요.

TV나 라디오, 신문, 잡지 광고는 비용 대비 효과가 떨어질 수 있습니다. 사실 어지간히 돈을 쏟아 붓지 않으면 사람들이 잘 인지하지도 못합니다. 그러므로 굳이 자비를 들여 개인적으로 광고를 할 필요는 없습니다. 그보다는 차라리 기회가 생길 때마다 만남이나 모임에 참석해 얼굴을 보며 대화를 나누는 것이 낫습니다. 직접 발로 뛰어 대인관계를 넓히는 것이 보다 효과적입니다.

지금까지 직장생활만 해온 사람도 얼마든지 네트워크 마케팅 비즈니스를 시작할 수 있습니다. 오히려 평생 직장생활만 하기보다 독립해서 1인 사업가로 활동하는 것이 더 유리할 수도 있지요.

네트워크 마케팅 비즈니스는 지금까지의 비즈니스 개념과 전혀 다릅니다. 따라서 여러 가지 자영업 경험이나 선입견 없이 시작하는 사람이 성공할 확률이 더 높습니다. 자영업 경험이 있으면 그 지식으로 판단하는 바람에 처음 맞닥뜨리는 일에 제대로 집중하지 못하는 경우도 많습니다.

네트워크 마케팅 비즈니스는 본래 재택근무 사업이라 사무실이나 가게가 필요 없습니다. 제품 재고를 쌓아둘 창고도 필요 없지요. 물론 종업원을 고용할 일도 없습니다. 사실 이들 조건은 지금까지 사업을 시작하려는 모든 사람에게 두통거리였습니다.

만약 당신이 비즈니스에 관한 지금까지의 개념이나 선입견을 버리지 못한다면, 네트워크 마케팅 비즈니스를 있는 그대로 단순하게 받아들이는 것이 어려울지도 모릅니다. 하지만 걱정할 필요는 없습니다. 네트워크 마케팅 비즈니스를 정확히 배우면 이 독특한 비즈니스 방식의 효과를 이해하는 데 그리 오랜 시간이 걸리지 않습니다.

일반적인 상점에서 파는 사람과 사는 사람의 관계는 서로 속고 속이는 관계와 닮아 있습니다. 즉, 대립관계에 가깝지요. 설령 고객이 진열한 상품을 구매해도 그 고객이 다시 상점을 방문할 것이라고 확신할 수는 없습니다. 다음에는 다른 상점으로 가버릴 가능성이 얼마든지 있지요.

한편 네트워크 마케팅 비즈니스는 처음부터 다운라인이나 소비자와 자연스럽게 새로운 인연을 만들어 네트워크를 구축합니다. 그리고 그 네트워크 안에서 제품을 나눠 쓰기 때문에 다음에 다른 상점으로 고객이 가버릴까 고민하지 않아도 됩니다. 이것이 네트워크 마케팅 비즈니스를 '누구라도 할 수 있는 비즈니스'라고 부르는 이유입니다.

기억해야 할 것은 업라인 사람들이나 회사 구성원 모두 당신의 성공을 돕고 필요할 때는 언제든 협력해줄 거라는 사실입니다. 이것은 네트워크 마케팅 비즈니스에서만 볼 수 있는 '강력한 내 편'입니다.

제품 지식 습득

네트워크 마케팅 사업을 한다고 해서 반드시 제품 전문가가 되어야 하는 것은 아닙니다. 다만 고객의 질문에 대답할 수 있도록 기본적인 지식은 습득해야 합니다. 이를 위해 가장 중요한 것은 당신 자신이 제품을 계속 사용하고 진심으로 애용자가 되는 것입니다. 그러면 당신이 제품에 강한 애착과 자신감이 있다는 것이 자연스럽게 상대에게 전달됩니다.

누군가에게 제품의 좋은 점을 전달할 때 당신의 자연스러운 애착심보다 더 큰 설득력은 없습니다. 이것은 어떠한 판매 방법이나 상세한 제품 분석보다 더 상대에게 직접적으로 전달됩니다.

많은 책을 읽고 여러 가지 제품을 분석해 전문가가 되면 제품에 대해 당당하게 말할 수 있겠지요. 하지만 경험에서 우러나오는 진솔함과 애착심은 드러나지 않습니다. 타인에게 더 공감을 얻는 것은 이론으로 무장한 전문적인 지식이 아니라 경험에서 나오는 생생한 경험담입니다.

일반적으로 거의 모든 네트워크 마케팅 회사가 제품 자료를 제공합니다. 그러므로 사업자는 전문적인 지식으로 무장하기 위해 특별히 애쓸 필요가 없습니다. 상대에게 자료만 건네주어도 충분하니까요. 회사에 따라서는 제품 관련 문의에 대응하기 위해 전문가를 따로 고용하는 경우도 있습니다.

혹시 당신이 만난 사람이 제품 내용과 정보를 전문적으로 알고 싶어 한다면 자료를 제공하거나 회사에서 운영하는 시스템을 소개하는 게 좋을 것입니다.

06.   가장 효과적인 사업설명 방법

가장 중요한 것은 당신의 솔직한 행동입니다. 당신이 솔직하고 침착하게 행동하면 상대방은 그것을 자신감으로 해석합니다. 이로써 당신은 많은 사람에게 호감을 살 수 있습니다.

예를 들어 누군가와 커피를 마시며 얘기를 나누다가 비즈니스 대화를 하기에 알맞은 타이밍이 찾아왔다고 해봅시다. 그럴 때는 서둘지 말고 천천히 단계를 밟으며 이야기를 시작합니다. 많은 사람 앞에서 이야기하는 경우에는 더욱더 침착한 태도가 필요합니다.

다시 한 번 말하지만 당신 스스로 자신에게 어울리는 방법을 발견하는 것이 가장 중요합니다. 만약 당신이 침착하지 않고 신경질적인 태도로 이야기하면 그것이 상대에게 전염되어 상대방도 어쩔 줄 몰라 할 겁니다. 이 경우 당신이 전달하고 싶어 한 정보는 갈 곳을 잃고 어딘가로 사라지고 맙니다.

꼼꼼하게 신경 쓰는 것이 어렵다면 대화하기보다 차라리 자료를 건네주는 것이 낫습니다. 당신이 직접 자료를 전해주면 상대는 비즈니스 정보를 정확히 전달받을 수 있습니다.

선택은 당신에게 달려 있습니다. 몇 시간 동안 이야기를 할지 아니면 프레젠테이션을 해야 한다는 압박에서 벗어나 간단히 5분 정도만 설명하고 자료를 건넬지 선택하십시오. 간단히 설명하고 자료를 건네주는 것은 성의 없는 태도가 아닌가 하고 걱정할 필요는 없습니다. 5분 설명 방식이 비즈니스에 효과적이라는 것은 결과가 입증하고 있으니까요.

흔히 사업자들은 길게 설명하는 것을 '어리석은 방법', 5분 설명을 '현명한 방법'이라고 부릅니다. 누군가와 처음으로 연락이 닿았다면 간단히 설명하고 자료를 건네주십시오. 그러면 상대는 자택이나 차 안에서 휴식을 취하며 자료를 살펴볼 수 있습니다. 간단히 자료를 건넨 당신도 남는 시간에 다른 사람과 연락을 취하거나 비즈니스에 필요한 다른 일을 할 수 있지요.

며칠 후 상대방이 흥미가 없다고 말해도 당신의 귀중한 시간과 노력을 허비한 것은 아니므로 너무 실망하지 말고 제품 소비를 권하십시오. 그러면 새로운 관계로 발전할지도 모릅니다.

07. 사업을 권하기에 좋은 유형

사업을 권하기에 좋은 유형이 확실하게 정해져 있는 것은 아니지만 그래도 일반적인 가이드라인은 있습니다.

먼저 가장 곤란한 유형은 모처럼 사업기회 정보를 제공하려 하는데 자신의 잠재 가능성을 전혀 고려하지 않고 무작정 부정적으로 생각하는 유형입니다. 설사 성공할 잠재력이 있는 사람일지라도 이런 유형을 만나면 말하는 것 자체가 싫어집니다.

가능하면 상황과 사물을 편견 없이 열린 자세로 받아들이는 사람, 활기찬 사람, 새로운 것에 도전하고자 하는 사람, 모르는 것에 흥미를 보이며 배우려는 사람을 찾아 사업기회를 전달하십시오.

특히 세일즈맨은 자신의 경험에 지나치게 의존하기 때문에 판매 기술을 버리지 못하고 물건 판매에만 급급한 경향이 있습니다. 그보다는 사람을 좋아하고 사교적인 사람을 찾아봅시다.

남을 가르치는 일에 종사하는 사람은 대개 비즈니스 성향을 보입니다. 여성도 이 비즈니스에 적합합니다. 주위를 둘러보면 잠재적인 능력을 갖춘 사람이 꽤 있습니다.

네트워크 마케팅 비즈니스는 모든 사람을 환영하며 어떤 사람도 차별하지 않는 유일한 비즈니스입니다. 당신에게 의욕이 있고 비즈니스에 진지하게 임할 자세를 갖췄다면 당신은 반드시 성공할 것입니다. 이것은 아주 간단한 진리입니다.

당신이 누군가에게 네트워크 마케팅 비즈니스를 전달할 때 사람들은 크게 세 가지 반응을 보입니다. 하나는 긍정적인 반응(A)이고 다른 하나는 사업에는 관심을 보이지 않지만 제품에 흥미를 보이는 경우(B)입니다. 마지막으로 부정적인 반응(C)입니다.

A는 사업기회 정보를 진지하게 경청하고 네트워크 마케팅 비즈니스에 참여해 자신의 네트워크를 구축해갑니다. B는 사업자로 참여해 비즈니스를 진행하고 싶어 하지는 않지만 제품에 흥미를 보이며 애용합니다. 그렇게 제품을 애용하다가 비즈니스에 흥미를 보이는 경우도 종종 있습니다. C는 무조건 'No'라고 말하는 사람입니다. 이런 사람을 'C You Again(다음에 또

봐)'이라 부르기도 합니다.

08. 거절에 따른 두려움을 극복하는 요령

거절에 따른 두려움을 극복하는 것은 굉장히 어려운 문제입니다. 어떤 일이든 서서히 경험이 쌓이면서 익숙해지면 자신감이 생깁니다. 항상 다음의 말을 마음속에 간직하십시오.

"거절해도 '당신'이 아니라 당신이 제안한 '사업기회'를 거부한 것이다."

모든 사람에게 '예'라는 대답을 들을 수는 없습니다. 타이밍이 맞지 않을 수도 있고 당신과 상관없이 상대방에게 개인적인 사정이 있을 수도 있습니다.

설령 거절을 당할지라도 사람의 마음은 언제든 바뀔 수 있음을 기억하십시오. 언젠가 타이밍이 적절해지면 문제가 원만하게 해결되는 경우도 많습니다.

성공은 그리 간단하게 달성할 수 있는 게 아닙니다. 거절을 당하면 '패스!'를 외치고 다음 기회로 넘어가십시오. 하나하나에 일희일비하지 않고 계속 전진하는 것이 성공의 열쇠입니다.

여기서 당신이 기억해야 할 통계 법칙을 알려드리지요.

'열 명에게 사업기회를 전달하면 그중 한 명은 반드시 사인을 한다.'

이것은 통계적으로 분명 근거가 있는 말입니다. 한두 명에게 거절당했다고 좌절하지 말고 다른 사람에게 말을 건네면 분명 성공확률이 높아집니다. 이것은 아주 단순한 법칙입니다.

혹시 거절당해도 당신은 미소를 지으며 악수를 나누고 시간을 할애해준 상대에게 진심으로 감사를 표해야 합니다. 그리고 아무 일도 없었던 것처럼 평정심을 되찾아야 합니다.

당신에게는 뛰어난 네트워크 마케팅 제품이 있고, 세상에는 당신과 그것을 나눠 쓰고 싶어 하는 사람이 무수히 많기 때문입니다.

09. 다운라인과 업라인

다운라인이란 네트워크 마케팅 비즈니스에서 당신으로부터 시작된 제품 유통 네트워크를 말합니다. 당신에게는 당신의 네트워크를 구성하는 사업자 한 명, 한 명을 의미하지요. 그 그룹은 당신을 중심으로 유통과 관련된 당신의 가족이라고 할 수 있습니다.

그중에서 당신이 직접 후원한 사람들을 프런트라인이라 부릅니다. 그들 역시 자신의 다운라인을 구축하므로 후원을 받은 사람들이 계속 이어져 그룹을 형성합니다. 그 그룹에는 당신이 시작한 네트워크에 참여한 모든 사람이 포함됩니다.

반대로 업라인에게 당신은 그들의 다운라인입니다. 그 업라인도 누군가에게 후원을 받아 네트워크 마케팅 비즈니스에 참여한 것이므로 그도 후원해준 사람의 다운라인입니다.

이처럼 네트워크 마케팅 비즈니스에서는 모든 사람이 누군가의 다운라인인 동시에 누군가의 업라인입니다. 어떻게 부르는가는 누구를 중심으로 생각하는가에 따라 달라집니다.

이는 네트워크 마케팅 비즈니스의 본질을 표현하는 것으로 매우 중요한 의미를 담고 있습니다. 즉, 건전한 네트워크 마케팅은 언제 어디서부터 시작해도 공평하고 평등하다는 양심적 개념이 담겨 있는 것입니다.

10. 다운라인 확장과 제품 판매

다운라인 확장과 제품 판매 중 어느 쪽에 더 집중할지는 당신이 네트워크 마케팅 비즈니스에서 무엇을 원하는가에 따라 달라집니다.

만약 매달 그리 많지 않은 부수입을 올리는 것으로 족하다면 판매에 전념하는 것도 괜찮습니다. 하지만 네트워크 마케팅 비즈니스의 잠재적 힘이 발휘하는 경이로운 수입을 매달 올리고 싶다면 반드시 다운라인 네트워크를 구축해야 합니다.

다운라인의 어떤 '단계'에도 당신이 참여한 회사의 제품을 사용하는 소비자가 많이 있습니다. 그 '단계' 레벨이 올라가면서 당신의 수입도 극적으로 증가합니다. 이것은 사업자들이 구축한 네트워크에서 발생하는 매출액에 따라 회사에서 보너스 형식으로 지불하는 돈입니다.

어찌 보면 이것은 프랜차이즈 점포를 소유하고 있는 것과 비슷합니다. 만약 열 개의 점포를 소유하고 있다면 한 개의 점포를 소유한 경우보다 월등히 높은 수입을 올릴 수 있지요.

네트워크 마케팅 비즈니스에서 당신의 다운라인은 각각 독립적인 1인 사업가입니다. 그렇기에 당신은 큰 자본을 투자할 필요도 없고 재고를 쌓아둘 이유도 없습니다. 네트워크 마케팅 비즈니스에서 성공하는 사람은 활기차게 움직이는 다운라인 네트워크를 구축한 사람들입니다.

다시 말해 제품 판매에만 전념해서 성공하는 경우는 드뭅니다. 다운라인 네트워크는 당신의 노력을 몇 배 이상 확대해주는 시스템으로 이것은 네트워크 마케팅 비즈니스가 안겨주는 막대한 수입의 열쇠입니다.

11. 지속적인 후원 활동이 필요한 이유

어떤 비즈니스에서도 마찬가지지만 크게 성공했어도 후원 활동은 계속 이어져야 합니다. 그렇지 않으면 비즈니스를 유지하기 위한 활력이 사라지기 때문입니다.

당신의 그룹에 새로운 사람이 참여하면 그 사업자는 당신에게 새로운 활기와 열정을 불러일으킵니다. 나아가 그 사업자의 친구, 가족 등 새로운 인맥이 당신의 네트워크에 즐거움을 더해줍니다.

네트워크 마케팅 사업자로 등록해 사업을 시작했다고 해

서 모두가 끝까지 가는 것은 아닙니다. 시간이 지나면 도중에 비즈니스를 그만두는 사람도 있습니다. 이럴 때 새로운 사람이 참여해 활기를 불어넣으면 그것은 그룹에 소중한 자극을 줍니다.

특히 당신의 네트워크를 확장하려면 새로운 사람을 후원하는 다운라인을 열심히 지원해주어야 합니다. 다운라인이 자신의 네트워크를 구축하도록 최선을 다해 돕는 것은 당신의 그룹 안정에 굉장히 중요합니다.

다운라인의 폭이 넓어지면 그중 누군가가 이사해 당신이 모르는 지역이나 나라에서 활동하는 경우도 생깁니다. 이에 따라 당신의 네트워크는 자연스럽게 당신이 모르는 곳이나 나라로 확대되어 갑니다. 그들이 어디로 이사를 가든 계속 사업을 진행하거나 제품을 사용한다면 그들은 당신의 다운라인이자 당신 그룹의 구성원입니다.

12. 그룹 구성원과 관계를 맺는 방법

그룹을 전체적으로 대할지 아니면 각각의 사람들과 관계를 맺을지는 당신의 목표에 따라 달라집니다. 개중에는 큰 그룹에서 활동하는 것을 꺼리고 개인적으로 접촉해 정보를 얻는 방법을 선호하는 사람도 있습니다. 그런 사람은 당연히 개인적으로 접촉해야 합니다.

한편 그룹이 전체적으로 협력해서 사업을 진행하는 것이 더 낫다고 보는 사람은 그 방식으로 활력을 얻습니다.

이처럼 사람마다 성향이 다릅니다. 그러므로 각자 자기 나름대로 선호하는 방법이 있고 그들이 제각각 개성이 다르다는 것을 기억해 접촉 방식을 달리하는 섬세함이 필요합니다.

일반적으로 교육에서는 일대일 혹은 소수와 교류하는 것이 효과적입니다. 그럴 때 상대는 자신만을 위해 시간을 할애해준다고 느껴 관계 의식이 강해집니다. 이 경우 단점은 당신이 미팅을 여러 번 열어야 하므로 더 많은 시간과 노력을 투자해야 한다는 점입니다.

사람을 모아 진행하는 그룹 미팅이나 프레젠테이션은 직접적이지 않아 어떤 면에서는 효과가 떨어지지만 그룹에 활기를 불어넣거나 정보를 전달하는 측면에서는 효과적입니다.

두 가지 방법을 다 시도해보십시오. 그러면 점점 경험이 쌓이면서 그룹 사람들에게 어떤 방법이 가장 좋은지 자연스럽게 드러날 것입니다.

13. 후원한 사람을 돕는 타이밍

후원한 사람은 '바로 지금' 도와주십시오! 네트워크 마케팅 사업자들은 대개 '수입'에 관심이 많습니다. 물론 수입은 모든 비즈니스에서 기본 중의 기본입니다.

우리가 원하는 삶을 살아가려면 '돈'은 필수적인 것으로 네트워크 마케팅 비즈니스는 많은 수입을 올릴 기회를 제공합니다. 다시 한 번 말하지만 네트워크 마케팅 비즈니스에서 성공하는 최선의 방법은 소매판매가 아니라 자신의 유통 네트워크를 구축하는 것입니다.

당신이 후원한 사람이 수입을 올리고 사업을 지속하도록 하려면 다운라인 네트워크를 구축하는 일이 빠르면 빠를수록 좋겠지요. 보통은 사업을 시작한 후 수입이 발생할 때까지 어느 정도 시간이 걸립니다. 이 점을 깨닫고 다운라인 네트워크를 서둘러 구축할수록 수입이 빨리 발생합니다.

후원한 사람에게 용기를 주는 한 가지 방법은 이렇게 묻는 것입니다.

"자기 인생을 스스로 개척하고 싶어 하는 의욕적인 친구를 다섯 명 이상 알고 있나요?"

대개는 그런 사람을 다섯 명 이상 발견합니다. 그러면 그 다섯 명에게 당신이 전달한 것과 똑같은 것을 전달하도록 가르칩니다. 그렇게 하면 그 사람은 곧바로 네트워크를 구축해갈 수 있습니다. 일련의 복제 시스템이 제대로 전달되면 당신의 다운라인 네트워크는 자연스럽게 폭이 넓어집니다. 물론 그 결과는 당신의 수입으로 연결됩니다.

14. 스폰서가 그룹 구성원에게 해줘야 할 가장 중요한 일

그룹을 구축한 스폰서의 책임을 한마디로 말하자면 후원한 사람들을 지원해 그들이 각자 자신의 다운라인 네트워크를 구축하도록 온갖 노력을 아끼지 않는 것입니다. 그룹을 의욕적이고 활기차게 가르치려면 교육 자료와 정보를 적절히 제공해야 합니다. 이것은 당신의 성공에 도움을 줍니다.

상대가 질문할 경우 곧바로 대답해주고 적절한 조언을 하도록 당신 스스로 열심히 공부하는 것도 매우 중요합니다. 나아가 그룹 구성원을 정기적으로 만나는 것은 물론 그들이 충분히 잠재력을 발휘하도록 최신 정보 자료를 제공해주어야 합니다.

정기적으로 만나는 횟수는 사람마다 다를 수밖에 없습니다. 지리적으로 멀거나 긴급을 요하는 경우도 있으니까요. 특히 경험이 많은 베테랑보다 이제 막 비즈니스를 시작한 사람을 더 빈번하게 만나야 합니다. 상대의 사정을 고려해 정기적으로 날짜와 시간을 정해두는 것도 효율적입니다.

당신이 늘 잊지 않아야 하는 것은 '그들의 성공이 곧 당신의 성공'이라는 점입니다. 당신이 그들의 성공을 돕고 의욕을 불러일으키는 것은 결국 당신의 성공으로 이어집니다. 네트워크 마케팅 비즈니스를 두고 '사람과 사람 간의 비즈니스'라고 부르는 이유가 여기에 있습니다.

15. 제품 클레임 처리

제품 클레임이 들어오면 제품을 전달한 사람이 직접 사정을 듣고 설명해주어야 합니다. 설령 그 사람이 당신이 직접 후원한 다운라인이 아닐지라도 당신은 마음과 정성을 다해 상대의 이야기를 들어주어야 합니다. 네트워크 마케팅은 모든 사람이 협력해서 비즈니스를 전개할 때 가장 효과적이기 때문입니다.

제품의 원활한 유통이 없으면 네트워크 마케팅은 성장할 수 없습니다. 어떤 비즈니스에서든 고객만족은 사업의 기본입니다. 소비자와의 관계에서 가장 중요한 것은 어떤 상황에서라도 성의를 다해 대응하는 일입니다. 친밀하게 대화를 시도해도 좋습니다.

만약 어떤 문제나 좋지 않은 일이 발생하면 직접 찾아가 사정을 경청하는 것이 좋습니다. 성의를 다하면 고객불만이 오히려 고객만족으로 이어져 신뢰관계가 더 깊어질 수 있습니다. 아무리 좋지 않은 상황일지라도 진심을 다하면 전화위복의 기회가 되기도 합니다.

문제가 전문적인 일이라면 잘 알지도 못하면서 직접 대응하지 말고 회사의 전문가에게 부탁하는 것이 좋습니다. 건전한 네트워크 마케팅 회사에는 이런 문제에 대처하는 전문가가 따로 있습니다.

16. 다운라인 네트워크의 규모

네트워크 마케팅 비즈니스에서 다운라인 네트워크의 규모는 각자 자신에게 맞게 적절히 결정해야 합니다. 네트워크 마케팅 비즈니스에는 여타 비즈니스 세계에 존재하는 여러 가지 걸림돌이 전혀 없습니다. 같은 맥락에서 네트워크 규모도 스스로 결정하는 것이 맞습니다. 노력하면 노력한 만큼 대가가 돌아오는 비즈니스이니까요.

네트워크 마케팅 비즈니스가 안겨주는 라이프스타일에 수많은 사람들이 매력을 느끼는 이유가 여기에 있습니다. 네트워크 마케팅 비즈니스 세계에는 자신의 꿈을 이뤄 원하는 라이프스타일을 누리는 사람이 아주 많습니다.

네트워크 마케팅 비즈니스는 연령, 성별, 출생, 학력, 배경을 따지지 않습니다. 기회는 누구에게나 공평하게 주어지며 경력이 아무리 화려해도 출발선은 누구나 똑같습니다. 기회가 공평하게 주어지므로 자신이 현재 어떻게 살든 목표로 한 성공을 거머쥐는 것이 얼마든지 가능합니다. 즉, 네트워크 마케팅 비즈니스에는 무궁무진한 가능성이 숨어 있습니다.

이것은 엄청난 장점입니다. 특히 지금은 샐러리맨의 고용

안정이 흔들리면서 많은 사람이 1인 사업가로 활동하는 네트워크 마케팅 비즈니스에 깊은 관심을 보이고 있습니다. 네트워크 마케팅 비즈니스가 차세대 마케팅의 주류로 각광받고 있는 것입니다.

17. 주부 사업자가 얻는 이점

주부가 네트워크 마케팅 비즈니스를 하면 얻는 이점이 아주 많습니다. 요즘에는 맞벌이 부부가 대세지만 부부가 함께 비즈니스를 할 기회는 많지 않습니다. 그러나 네트워크 마케팅 비즈니스는 재택근무 사업이라 두 사람이 협력하는 것이 가능합니다.

일단 두 사람이 함께 시간을 보내면서 같은 목표를 달성하고자 노력하다 보면 부부관계가 더욱더 끈끈해지는 이점이 있습니다. 그뿐 아니라 부부가 함께할 경우 문제해결 능력이 높아지고 사업 진행이 빨라집니다.

우선 다운라인과 대화를 두 배 이상 할 수 있습니다. 가능성이 있는 사람에게 연락하는 일에도 보다 많은 시간을 할애할 수 있지요. 여기에다 두 사람의 인맥을 서로 공유하면서 비즈니스의 폭과 즐거움이 증가합니다. 나아가 사람과의 교류로 얻는 것이 월등히 많아집니다.

부부가 서로 역할 분담을 할 수 있는 것도 하나의 장점입니다. 예를 들어 아내는 제품 쪽, 남편은 마케팅과 비즈니스 쪽을 맡아 효율을 높이는 것이 가능합니다. 실제로 네트워크 마케팅 비즈니스에서 성공한 사람들 중에는 부부 사업자가 굉장히 많습니다.

18. 비즈니스를 위한 별도의 공간

네트워크 마케팅 비즈니스를 위해 별도의 공간을 마련하는 것이 좋은지 아닌지는 각자 생각하기 나름입니다. 만약 사무실을 따로 낸다면 그에 따른 경비와 여러 가지 신경 써야 할 문제가 있으리라는 것을 감안해야 합니다.

자택에서 일하면 사무실 유지비와 근무시간이 절약됩니다. 또한 통근하느라 길에 버리는 시간이 없고 피곤하게 시달릴 일도 없습니다. 그 시간은 다른 일에 유용하게 쓸 수 있겠지요,

그뿐 아니라 자택에서 비즈니스를 할 경우 자료나 기록물, 서류를 보관해두고 언제든 필요할 때마다 꺼내볼 수 있습니다. 이는 네트워크 마케팅 비즈니스를 시작할 때 생각해두어야 할 중요한 사항입니다. "지금 여기에 자료가 없네요. 내일 사무실에서 알아본 후 전화 드리겠습니다"라고 말할 필요가 없으니까요.

더 중요한 것은 당신의 그룹 구성원들이 당신에게 급히 연락할 일이 생겼을 때 밤낮을 가리지 않고 연락할 장소가 한 곳뿐이라는 점입니다. 이것은 다운라인과 커뮤니케이션할 때 가장 중요한 요소입니다.

실제로 자택에서 비즈니스를 하는 편이 여러 가지로 유익합니다. 자택을 사무실로 사용하면 사무실 경비와 관리에 드는 비용을 신경 쓰지 않아도 됩니다. 통근비, 사무실 경비 등 여러 가지 제반 사항을 생각해보고 결정하십시오. 미국에는 소규모 사무실, 가정 사무실이라는 의미의 소호(SOHO, Small Office Home Office) 방식이 일반화되어 있습니다.

물론 비즈니스 분위기를 돋우기 위해 사무실을 운영하고 싶다는 사람도 많습니다. 어느 쪽을 선택하든 비용 대비 효과를 생각해서 결정하십시오.

19. 그룹 매출액에 따른 수입 계산

네트워크 마케팅 비즈니스에서는 그룹에서 발생한 매출액에 따라 사업소득이 결정되는데 이것은 회사에서 모두 계산해줍니다. 일반적으로 네트워크 마케팅 회사는 회원으로 등록한 시점에 당신에게 사업자로서 ID 번호를 발행해줍니다.

그 번호에 따라 당신의 그룹에서 발생하는 매출액은 모두 컴퓨터에 기록됩니다. 그리고 다운라인 각각의 단계에 따른 보상 플랜에 맞춰 수입이 자동적으로 계산됩니다. 이를 바탕으로 회사는 일반적으로 한 달 단위로 보너스를 현금으로 지불합니다.

개중에는 다른 방법으로 지불하는 경우도 있으므로 처음에 회원등록을 할 때 정확히 확인해야 합니다. 회사의 시스템에 따라 차이는 있지만 포지션과 보너스 퍼센트를 유지하려면 네트워크 내에서 매출액이 정해진 만큼 발생해야 합니다.

월말 즈음 매출액을 알고 싶을 경우 회사에 물어보면 알려줍니다. 그에 따라 스스로 월수입을 미리 계산하는 것도 가능합니다. 자신이 참여한 네트워크 마케팅 회사의 마케팅 플랜을 정확히 숙지하기 위해서라도 한 번쯤은 그것을 계산해보십시오.

20. 매달 올리는 수입 정확히 알기

일반적으로 네트워크 마케팅 회사는 당신의 네트워크 내에서 발생한 매출액 기록을 매달 당신에게 전송합니다. 이 기록에 따라 당신은 자신의 네트워크 내에서 발생한 모든 거래금액을 확인할 수 있습니다. 그리고 회사는 그 서류를 바탕으로 각각의 사업자가 받는 정당한 대가를 증명합니다.

만약 회사가 적절한 방법을 취하지 않아 사업자가 노력에 따른 대가를 정당하게 지급받지 못했다고 해봅시다. 그 소문은 순식간에 퍼져 나갈 테고 그 회사는 존속하는 것 자체가 불가능해질 것입니다.

모든 네트워크 마케팅 회사가 이것을 잘 알고 있습니다. 따라서 회사는 일정 수준 이상의 컴퓨터 온라인 시스템을 갖추고 불의의 사태가 발생하지 않도록 만전을 기하고 있지요.

그래도 그것을 관리하는 것은 사람이기에 문제를 완전히 차단할 수는 없습니다. 만약 자신이 계산해본 것과 다르다면 회사에 물어보십시오. 모든 회사가 이런 문제에 신속하게 대응하고 있습니다. 만의 하나 사고가 발생하면 네트워크 마케팅 회사는 그것을 최우선으로 수정해줍니다. 네트워크 마케팅 회사의 존속과 발전은 모든 사업자와의 신뢰 · 만족과 관련이 있기 때문입니다.

21. 제품 주문과 발송

제품이 필요한 사업자는 일반적으로 회사에 직접 주문을 합니다. 그러면 회사는 주문에 따라 제품을 사업자에게 직접 발송해줍니다. 사업자는 이것을 고객에게 발송하지요.

최근에는 사업자가 지정하는 고객에게 회사에서 직접 발송해주는 것이 일반화하고 있습니다. 제품을 주문하고 도착하기까지 걸리는 시간은 일반적인 택배 물건을 받는 것과 똑같습니다. 회사에 따라서는 대리점에 직접 방문해 구매하는 것도 가능합니다. 개중에는 일정 단계가 되기 전까지는 제품을 업라인을 통해서만 구매할 수 있는 회사도 있습니다.

시스템은 회사마다 약간씩 다르므로 비즈니스를 시작하기 전에 반드시 확인해볼 필요가 있습니다.

22. 교육 측면에서의 스폰서의 지원

당신에게 네트워크 마케팅 비즈니스를 소개하고 후원한 사람은 당신의 교육도 지원합니다. 당신이 그 사람의 다운라인이기 때문입니다. 당신에게 네트워크 마케팅 비즈니스에서 성공하는 데 필요한 교육을 지원하는 것은 스폰서의 의무입니다. 물론 당신도 당신의 스폰서처럼 다운라인의 교육을 지원해야 합니다. 이러한 복제 과정이 반복되면서 사업이 이뤄지는 것이기 때문입니다.

그와 함께 스폰서는 업라인의 리스트와 전화번호를 당신에게 제대로 알려줄 의무가 있습니다. 새롭게 네트워크 마케팅 비즈니스를 시작한 당신은 사업자로서 업라인들의 새로운 네트워크 패밀리가 됩니다. 업라인 사람들은 아주 기뻐하며 당신에게 여러 가지 정보를 전달해줄 것입니다.

당신을 후원한 사람의 성공은 당신이 비즈니스를 얼마나 잘 진행하는가에 달려 있습니다. 따라서 스폰서는 최선을 다해 당신에게 정보를 전달하고 비즈니스를 가르칩니다. 제대로 교육을 받으면 당신은 당신이 정한 기한보다 빨리 목표에 도달할 수 있을 것입니다. 시행착오를 최대한 줄일 수 있으니까요.

이는 스폰서가 기뻐해야 할 일입니다. 마찬가지로 당신에게 다운라인이 생긴다면 당신도 당신의 스폰서가 그랬던 것처럼 최선을 다해 제대로 가르쳐야 합니다.

23. 비즈니스에 도움을 주는 도구와 워크숍 및 세미나

네트워크 마케팅 업계 전체가 이 비즈니스에 참여하는 사람들의 노력을 후원하기 위해 다양한 도구를 개발하고 세미나도 열고 있습니다.

일반적으로 '교육 교재'로 불리는 것에는 서적, CD, 비즈니스 안내자료, 보상플랜 시스템 등 비즈니스에 필요한 전문적인 것이 있습니다. 각 회사가 사업자를 위해 독자적으로 제작한 것은 물론 외부인이 그 회사의 특장점이나 시스템을 해석한 책도 많습니다. 그중 일반적이고 중립적인 차원에서 도움을 주는 책 중 하나가 《쇼더플랜》입니다.

또한 네트워크 마케팅 회사는 워크숍, 세미나, 미팅을 정기적으로 열고 있습니다. 스폰서나 업라인에게 물어보면 각각의 스케줄을 친절하게 안내해줄 것입니다.

세미나는 개인적인 정보수집이나 자기계발을 넘어 다운라인과 함께하면서 연대의식과 열정을 고무할 수 있어 여러 가지로 큰 도움을 받습니다.

24. 성공에 꼭 필요한 조건

성공 조건에 복잡한 것이나 신비로운 것은 없습니다.

네트워크 마케팅 비즈니스의 성공과 그를 위한 노력에서 가장 중요한 요소는 당신의 '간절함'입니다. 당신이 절실하게 원하지 않으면 아무것도 이뤄지지 않기 때문입니다.

네트워크 마케팅 비즈니스에서 정말로 열심히 노력하면 다음의 두 가지 결과가 당신에게 주어질 것입니다.

첫째, 당신이 기대한 것보다 더 많은 수입을 올립니다. 이를 위해 필요한 것이 목표를 달성하겠다는 강한 신념입니다. 물론 오로지 수입에만 목표를 두는 사람도 있으나 그 돈으로 하고 싶은 목표를 세우면 더 강하게 동기를 부여할 수 있습니다.

둘째, 하고 싶은 것을 자유롭게 할 수 있는 충분한 시간적 여유가 생깁니다. 따라서 당신은 사랑하는 사람들과 함께 인생을 마음껏 즐길 수 있습니다. 인생을 생각하는 대로 즐긴다는 것 자체도 엄청난 희망입니다.

네트워크 마케팅 비즈니스가 안겨주는 이러한 라이프스타일을 '원하는 대로 사는 인생'이라고 부릅니다. 네트워크 마케팅 비즈니스가 지금처럼 발전하고 일반화한 이유는 이것 때문입니다.

우리의 삶은 크게 두 가지 유형으로 분류할 수 있습니다. 하나는 돈은 많이 벌지만 자유로운 시간과 마음의 여유가 전혀 없는 경우입니다. 일이 많아 돈은 벌어도 그것을 누릴 시간이 없는 것입니다. 다른 하나는 시간은 많은데 그 시간을 즐겁게 보낼 돈이 없는 경우입니다.

우리가 원하는 것은 시간도 있고 그 시간을 즐길 돈도 있는 삶입니다. 이 두 가지 조건을 모두 충족시켜주는 것이 바로 네트워크 마케팅 비즈니스입니다.

25. 실패하는 사람의 공통점

'간절함'이 성공의 열쇠라면 그 간절함이 없는 것이 네트워크 마케팅 비즈니스에서 실패하는 기본적인 이유입니다.

간절함이란 막연히 무언가가 뜻대로 되지 않을 때 '불만을 해소하는 것'을 의미하는 게 아닙니다. 불만 해소는 여기서 말하는 간절함이 아닙니다. 그것은 부정적인 힘으로 이를 긍정적인 힘으로 바꾸지 않으면 간절함은 힘을 잃고 맙니다.

일상생활에 쫓겨 살다 보면 간절함을 잊고 살기 십상입니다. 나아가 모든 것이 자신에게는 무리라고 여기며 포기하고 좌절하는 사람이 많습니다. 세상에는 마땅히 해야 할 일도 하지 않으면서 자신의 일상을 허비하기만 하는 사람이 아주 많습니다.

그들이 인생을 새롭게 살아가려면 '만약 그렇게 된다면' 혹은 '그 일이 일어나지 않았다면' 하며 막연한 기대나 후회에 젖어 시간을 허비하는 대신 "지금 이렇게 하자!"라고 말해야 합니다.

간절함은 불만 해소와 달리 긍정적인 힘입니다. 간절함은 활기찬 에너지를 불어넣어줍니다. 간절함은 당신의 꿈을 실현해줄 힘을 생산하기 위한 귀중한 재료입니다.

26. 타인의 다운라인에서 우수한 사람을 빼낸다면?

타인의 다운라인에 탐이 나는 우수한 사람이 있다고 해서 그 사람을 빼내오면 절대 안 됩니다. 이것은 용서받을 수도 없고 현명한 방법도 아닙니다. "남의 눈에 눈물 나게 하면 내 눈에는 피눈물이 난다"는 말처럼 당신이 다른 사람의 다운라인에 속한 사람을 빼내오면 당신은 더 나쁜 일을 당할 수도 있습니다.

우선 당신은 다른 사람을 속여 적을 만든 셈입니다. 적은 반드시 당신에게 악의를 품고 똑같은 일을 행할 수 있습니다. 무엇보다 당신은 다른 그룹으로 옮긴 사람을 당신이 직접 후원한 사람보다 더 신뢰할 수 있습니까? 그 외에도 당신에게 좋지 않은 일이 생깁니다. 당신의 평판에 흠이 생기는 것은 물론 회사와의 계약을 위반한 것이라 위법적인 문제로 번질 가능성이 있습니다.

결국 다른 사람의 다운라인을 빼내오는 것은 치러야 할 대가가 너무 큰 좋지 않은 행동입니다. 차라리 당신 주변에서 후원해주고 싶은 사람을 찾으십시오. 그들은 좀 더 나은 라이프 스타일을 원하지만 어떻게 해야 하는지 그 방법을 모르고 있습니다. 네트워크 마케팅 비즈니스는 이러한 사람들의 참여로 계속 발전하고 있습니다.

단, 상대방이 무슨 일이 있어도 당신과 함께 비즈니스를 하고 싶어 하거나 당신과 파트너가 되어 처음부터 다시 배우고 싶어 한다면 얘기가 달라집니다. 이 경우에는 회사의 규칙에 따라 적법하게 처리하는 방법을 따르십시오.

27. 의욕적인 사람에게 접근하는 방법

이것은 어떤 교육 재료가 당신의 시간과 노력을 보완해줄 것인가와 관련된 주제이기도 합니다. 설령 당신이 네트워크 마케팅 비즈니스를 확실하게 설명해줄 수 있더라도 한 사람, 한 사람을 상대하며 설명하려면 시간이 많이 걸립니다. 또한 경험이 부족해 설명에 자신이 없을 경우에는 상대에게 정확히 전달하지 못할 위험이 있습니다.

이때 상대도 공연히 바쁜 시간을 내 당신의 설명을 들어줘야 하는 상황에 놓입니다. 상대가 시간을 내기 싫어할 경우 사업에 초대할 기회를 잃을 수도 있습니다. 어떤 경우에도 상대의 TPO(시간[Time], 장소[Place], 상황[Occasion])에 맞지 않는다면 당신의 프레젠테이션에 돌아오는 것은 'No'라는 대답입니다.

당신 자신도 조급해져 전달해야 할 중요한 정보를 놓칠 수 있습니다. 이럴 때는 최고의 질을 자랑하는 교육 교재를 활용해 일처리를 현명하게 해야 합니다. 업라인에 속한 사람들과 상담하면 우수하고 적절한 교육 재료를 추천해줄 것입니다.

이 경우 한 권의 책과 CD로 상대를 설득하기는 어려운 일입니다. 만약 적절한 교육 재료나 다양한 매뉴얼이 없다면 먼저 자신의 그룹이 주최하는 설명회(기회미팅)로 안내해 베테랑의 설명을 들어보게 하는 것도 하나의 방법입니다.

경험자에게도
궁금한 점은 있다

01. 효과적인 재고 관리

　네트워크 마케팅 비즈니스를 하면서 특별히 재고를 쌓아두기 위해 공간을 마련할 필요는 없습니다. 제품 재고는 주문이 확실할 것으로 예상하는 것에 한해 최소한으로 보유해야 합니다. 당신의 판단에 따라 결정할 문제지만 그것마저 필요 없다고 생각한다면 재고는 전혀 불필요합니다.

　대부분의 네트워크 마케팅 회사가 일반 택배 물건과 마찬가지로 신속하게 발송해주기 때문입니다. 심지어 오늘 주문하면 내일 받아볼 수도 있습니다.

　이것은 '제로 재고' 개념으로 택배 시스템이 워낙 발달하다

보니 재고의 필요성은 점점 사라지고 있습니다. 그렇지만 당신이 비즈니스에 진지하게 임하기 위해 최소한의 재고를 보유하면 네 가지 이점을 누리게 됩니다.

- 자신이 필요로 할 때 즉시 사용할 수 있다.
- 제품이나 비즈니스에 관심을 보이는 사람에게 샘플로 제공할 수 있다.
- 신규 사업자가 제품의 우수성을 곧바로 확인하도록 할 수 있다.
- 소매판매를 할 수 있다.

이 네 가지 이점을 염두에 두고 당신의 활동 목표를 고려해 재고로 보유할 양을 정하십시오. 제품을 구입할 장소가 가까운 곳에 있지 않을 경우 최소한의 재고를 갖고 있는 것이 비즈니스를 원활하게 진행하는 데 도움이 됩니다. 물론 기본적으로는 재고가 없는 것이 건전한 네트워크 마케팅 회사의 본래 시스템입니다.

02. 제품 운반을 위한 수단

제품 운반을 위해 사업자가 트럭이나 밴을 보유해야 하는 것은 아닙니다. 비즈니스 때문에 일부러 차를 새로 장만할 필요는 없습니다. 현재 소유한 차량만으로도 충분합니다.

지금은 대부분의 네트워크 마케팅 회사가 주문에 따라 제품을 직접 발송해주므로 사업자가 일일이 배달할 일은 없습니다. 물론 당신이 참여한 네트워크 마케팅 회사의 제품 자체가 크거나 기업 시스템에 따라 직접 받기 어려운 경우도 있으므로 이것은 확인해봐야 합니다.

다른 관점에서 자동차는 소유주의 성격과 분위기를 드러내주는 측면도 있으므로 제대로 관리하는 것이 좋습니다. 차량을 잘 관리하는 것도 당신의 비즈니스를 원활히 진행하는 한 가지 방법입니다. 무엇보다 당신의 다운라인이나 새롭게 만나는 사람에게 좋은 인상을 심어줄 수 있습니다.

그렇다고 무리해서 고급 차를 몰고 다니는 것은 어리석은 일이지만 자신의 분위기에 맞는 차를 정갈하게 몰고 다니면 당신의 비즈니스를 활동적으로 느끼도록 만들어줍니다.

03. 비즈니스 비용과 세금공제

비즈니스를 위해 쓴 돈은 필요경비로 처리되는 세금공제 대상입니다. 다른 모든 합법적인 비즈니스와 마찬가지로 네트워크 마케팅 비즈니스 역시 필요경비를 인정받아 세금을 공제받습니다.

네트워크 마케팅 비즈니스는 일반적으로 재택근무 사업이기 때문에 합법적으로 공제받는 요소가 더 많습니다. 수입이 증가하면 그 점을 충분히 고려하는 것이 좋습니다. 무엇보다 영수증을 잘 처리해야 합니다.

실제로 미국에서는 재택근무 비즈니스를 하는 사람이 급속히 증가하고 있습니다. 이에 따라 그들을 타깃으로 한 세무절차서나 네트워크 마케팅 사업자를 위한 세금 관련 도서가 많이 출판되고 있지요. 좀 더 정확한 내용을 알고 싶다면 업라인이나 세무사에게 상담을 받아보는 것이 좋습니다.

세금은 상당히 미묘하고 복잡한 문제입니다. 투잡으로 하는 경우, 본업으로 하는 경우, 연금생활자인 경우, 전업주부인 경우 등 사례가 다양하고 세금 적용 범위도 복잡하기 때문입니다. 이것은 결코 단정 지어 말할 수 있는 부분이 아닙니다.

또한 개인이 진행하는 경우와 법인으로 진행하는 경우에 큰 차이가 있습니다. 여기서 확실히 말할 수 있는 것은 정확히 신고하면 필요경비를 인정받는다는 점입니다.

04. 다운라인에게 들어온 클레임 처리

다운라인이 전달한 제품에 문제가 있어서 클레임이 들어왔을 경우 그것을 스폰서가 책임져야 하는 것은 아닙니다. 건전한 네트워크 마케팅 회사는 자사 제품 때문에 손해가 발생할 경우를 대비해 보험에 가입합니다.

그런데 만약 당신이나 당신의 다운라인이 알고도 불량품을 전달했거나 반품 및 교환에 응하지 않으면 자연스럽게 그 책임이 따릅니다. 반품과 불량품 교환에는 법률상 클레임 오프 기간이 지정되어 있지만 건전한 네트워크 마케팅 회사는 그 기간을 크게 확대 적용하고 있습니다. 이는 그만큼 자사 제품에 자신감이 있음을 보여줍니다. 다른 한편으로 사람들은 이것을 회사의 신뢰도를 판단하는 하나의 기준으로 삼습니다.

단, 법률적 책임과 별도로 가령 당신의 다운라인이 전달한 제품에 클레임이 들어온다면 당신도 성실하게 대응할 의무가 있습니다. 클레임의 종류가 무엇이든 어떤 이유로 발생했든 일단 상대의 이야기를 잘 듣고 대처하십시오.

당신의 힘으로 해결할 수 없는 문제라면 회사에 상담을 요청해 대응하는 것이 좋습니다.

05. 다운라인이 '의욕'을 유지하도록 동기부여하기

당신이 비즈니스를 제대로 하고 있다면 이것은 문제가 되지 않을 겁니다. 네트워크 마케팅 비즈니스는 본질적으로 정확한 방법으로 진행할 경우 반드시 결과가 나타나기 때문입니다.

처음 비즈니스를 시작했을 때 당신은 아마 원하는 라이프스타일을 누리고 싶다는 희망을 품었을 것입니다. 그처럼 분명한 목표가 있다면 그것을 향해 전진하는 것이 '의욕'을 유지하는 가장 좋은 방법입니다. 목표 중 일부라도 이룬다면 의욕이 더 높아져 목표를 향해 계속 달릴 겁니다. 이때 결코 조급하게 행동해서는 안 됩니다.

재택근무 비즈니스로 성공할 경우 자신이 노력한 만큼 그대로 보상받는 기쁨을 누립니다. 알고 있는지 모르겠지만 세상에는 노력한 만큼 대가를 안겨주는 일이 매우 드뭅니다. 심지어 수입이 적은 것은 물론 일을 진행하는 데 필요한 비용까지 충당해야 하는 경우도 적지 않습니다.

반면 네트워크 마케팅 비즈니스는 초기투자금이 거의 들어가지 않고 필요한 경비도 아주 적습니다. 따라서 엄청난 수입을 확실히 벌어들이는 것이 가능합니다.

의욕을 유지하는 열쇠는 '교육'에 있습니다. 다운라인에게 적절한 교육 자료와 정보를 제공해주십시오. 또 세미나 등 성공한 선배의 미팅에 반드시 출석하게 해야 합니다. 나아가 다운라인이 활발하게 움직이도록 하려면 당신 자신도 미팅이나 세미나를 주최할 수 있도록 노력해야 합니다.

다운라인에게 정기적으로 전화해 그들의 성공을 진심으로 기원하고 있음을 진심으로 전해주십시오. 그렇게 하면 반드시 네트워크 마케팅 비즈니스가 안겨주는 커다란 수입과 자유로운 시간을 즐길 수 있을 것입니다. 골프를 즐겨도 좋고 여행을 떠나도 좋고 원하던 차를 사도 좋습니다. 당신의 꿈을 실현할 날이 꼭 찾아올 겁니다.

네트워크 마케팅 비즈니스는 분명 물건을 판매하는 일이 아닙니다. 그러나 이 비즈니스도 어디까지나 사업이므로 제품의 유통이 일어나야 합니다. 따라서 소매판매를 잊어서는 안 됩니다. 새로운 사람을 후원하는 것도 중요하지만 결코 소매판매를 소홀히 해서는 안 된다는 얘기입니다.

물론 유통은 사업자가 구축한 네트워크 내에서 합법적으로 이뤄지고 그것은 사업의 기초이자 중심입니다. 이것은 여기서 특별히 강조하고 싶은 중요한 내용입니다.

소매판매와 유통이 없으면 이 비즈니스는 존재의 근간이 흔들리고 맙니다. 그 근간이 없어서 사회적으로 위험을 초래하는 것이 바로 피라미드 상법입니다. 네트워크 마케팅 비즈니스는 피라미드 악덕상법과는 분명 다릅니다. 이것을 혼동해서는 안 됩니다. 네트워크 마케팅 비즈니스는 어디까지나 합법적으로 인정받은 마케팅 방법 중 하나입니다.

네트워크 마케팅 비즈니스는 장기간의 성장과 수익을 기대할 수 있는 비즈니스 시스템입니다. 그러므로 다른 비즈니스와 동일하게 제품과 서비스의 유통이 일어나고 이것은 금전적 수입의 기초입니다.

이 외에도 소매판매에는 중요한 의미가 담겨 있습니다. 네트워크 마케팅 비즈니스에서도 소매판매는 수입을 올리는 가장 빠른 길입니다. 동시에 소매판매를 함으로써 당신의 제품 의식이 높아집니다. 그뿐 아니라 제품을 상대에게 올바르게 전달해주면 그 결과는 새로운 사람과의 만남으로 이어집니다.

소매판매는 당신의 네트워크 마케팅 비즈니스에서 빼놓을 수 없는 중요한 부분임을 기억하십시오.

07. 낯선 사람에게 접근하는 방법

네트워크 마케팅 비즈니스는 본래 낯선 사람에게 어떻게 접근해야 하는지 걱정하는 사람들도 사업을 잘 진행할 수 있도록 배려해서 설계한 비즈니스 시스템입니다. 그러므로 이것은 자연스럽게 해결할 수 있는 문제입니다.

당신의 네트워크에 새로운 사람이 참여할 때마다 그 사람 주변의 많은 지인도 참여해 당신의 네트워크는 자연스럽게 넓어집니다. 즉, 새롭게 참여한 사람의 인맥이 당신의 네트워크를 활성화하고 당신의 인맥도 새로 정립해줍니다.

다만 이를 위해서는 새로 다운라인이 된 사람과 자주 접촉하려는 노력을 기울여야 합니다. 당신이 업라인으로서 신뢰할 만한 사람이라는 것을 알면 상대방은 자신의 지인을 당신에게 소개해줄 겁니다. 만약 그렇게 소개받은 지인이 자신의 상황이나 타이밍이 맞지 않아 거절할 경우에는 누군가 흥미를 보일 만한 다른 사람을 소개해달라고 부탁하는 것을 잊지 마십시오. 이처럼 비즈니스를 전개하면 지금까지 모르고 지내온 많은 사람들과 자연스럽게 만날 수 있습니다.

관건은 당신 스스로 열린 마음으로 사람들을 배척하지 않고 다양한 사람들과 직접 만나려 노력하는 데 있습니다. 네트워크 마케팅 비즈니스를 진행하다 보면 이것이 '노력'이 아니라 몸에 익숙해진 행동으로 바뀌어 사람과의 만남을 즐기게 될 것입니다. 이 또한 네트워크 마케팅 비즈니스가 독특한 비즈니스로 불리는 이유 중 하나입니다.

08. 직접 후원하는 다운라인의 범위

당신이 모든 다운라인을 직접 후원할 수는 없습니다. 네트워크가 점점 깊고 넓어지면 그것은 거의 불가능한 일입니다. 적절한 사람을 한 명 고르십시오. 네트워크 마케팅 비즈니스에서는 자기 역할에 충실하며 서로 협조할 때 가장 좋은 인간관계를 맺을 수 있습니다. 각각의 사업자가 의욕을 불러일으키도록 적절한 관계를 맺기 위해 당신은 늘 생각하고 배려해야 합니다.

만약 당신이 모든 사람을 후원하려 든다면 사업자들은 당신 밑에서 마치 경쟁하는 듯한 기분이 들 것입니다. 서로 후원의 소중함과 후원에 성공했을 때의 기쁨을 공유하는 것이 바람직합니다.

가장 적절한 사람을 선택해 이렇게 말하십시오.

"이 지역은 당신에게 맡길게요. 리더로서 당신이 네트워크를 잘 구축해주세요."

아마 상대방은 의욕이 충만해서 더욱더 열심히 일할 것입니다. 이때 당신은 완전히 손을 놓는 것이 아니라 최선을 다해 그 사람을 지원해주어야 합니다.

개중에는 자신이 직접 후원하는 다운라인을 늘리는 데만 골몰하는 사람도 있습니다. 다시 한 번 강조하지만 네트워크 마케팅 비즈니스는 직접 후원하는 다운라인을 무작정 늘리기보다 그 사람을 백업해 그의 다운라인을 늘리는 것이 더 중요합니다. 이를 기반으로 당신의 네트워크는 폭이 더욱 넓어지고 길게 성공할 기초를 다질 수 있습니다.

09. 다른 지역으로 이사했을 때의 네트워크 유지

사업을 하다가 다른 지역으로 이사를 해도 기존에 구축한 네트워크는 그대로 유지됩니다. 당신이 네트워크 마케팅 비즈니스를 정확히 이해하고 그것을 제대로 전달할 활기 있는 네트워크를 구축했다면 당신이 어디로 이사하든 그 그룹은 흩어지지 않습니다.

물론 새로운 환경에 적응하며 그룹과 지속적으로 커뮤니케이션을 해야 합니다. 다운라인들의 노력에 따라 당신의 수입이 계속 증가한다면 가끔 이들과 만나는 것이 당신에게는 커다란 기쁨일 것입니다. 더구나 당신이 이사한 곳에 그룹 구성원이 있다면 그곳에 또 다른 강력한 네트워크를 구축할 기회가 될 수 있습니다.

이는 아주 커다란 기회입니다. 네트워크 마케팅 비즈니스에서 성공한 사람들은 대부분 하나 이상의 장소에서 네트워크의 핵을 만듭니다. 다른 곳에 이사하는 것을 네트워크를 확장할 기회로 여기십시오.

회사 시스템에 따라 국제적으로 비즈니스를 전개할 수 있는 곳도 있습니다. 이 경우 당신이 외국에서 살아도 기존 네트워크를 유지하며 외국에 새로운 네트워크를 추가적으로 구축하는 것이 가능합니다. 이것이 무리한 시스템이나 회사인 경우 국내에서 이사하면 전혀 문제가 되지 않습니다.

네트워크 마케팅 비즈니스는 각각의 사업자가 만들어가는 비즈니스입니다. 어디에 살든 어디로 이사를 가든 지속할 수 있는 것이 이 비즈니스의 또 다른 매력입니다.

10. 현재 하는 일을 그만두는 타이밍

풀타임으로 비즈니스를 전개하기 위해 현재 하는 일을 그만두는 타이밍은 사람에 따라 다릅니다. 그렇지만 누구에게나 자신의 주변 상황에 따라 스스로 알 수 있는 순간이 찾아옵니다.

여기에는 여러 가지 요소나 사정이 있습니다.

예를 들면 수입이 어느 정도이고 얼마나 증가하고 있는지, 비즈니스가 얼마만큼 즐거운지, 당신이 어느 정도로 시간을 쏟고 있는지, 비즈니스를 진행하는 데 현재의 일이 방해가 되는지, 현재 하는 일이 어느 정도로 안정적이고 미래에도 지속할 수 있는지 등을 고려해 당신 스스로 판단해야 합니다. 이 외에도 여러 가지 사항을 검토해야 합니다.

그래도 일반적인 가이드라인은 있습니다.

무엇보다 네트워크 마케팅 비즈니스에서 올리는 수입이 현재 당신이 다른 일에서 올리는 수입을 넘어서기 전까지는 그 일을 그만두지 않는 것이 좋습니다. 또한 그러한 수입 역전이 4개월 이상 지속될 때까지 현재의 일을 그만두지 않는 것이 바람직합니다.

개인이 하는 비즈니스는 모두 처음에 수입이 불안정하다는 사실을 고려해야 합니다. 더구나 현재의 일이 제공하는 건강보험이나 사회보험, 퇴직금 등 수입 이 외의 장점도 생각해야 합니다. 이 모든 것을 검토했을 때 네트워크 마케팅 비즈니스를 전업으로 하는 것이 낫겠다는 생각이 드는 순간이 반드시 찾아올 것입니다. 당신이 비즈니스에 정확히 임하면서 포기하지 않는다면 말입니다.

11.   최소 3단계 네트워크까지 진행해야 하는 이유

다운라인을 3단계까지 진행하면 네트워크 폭이 자연스럽게 넓어지고 이는 네트워크 안정과 수입 증가로 이어집니다. 이처럼 네트워크의 기초가 닦이면 자연스럽게 폭이 넓어지면서 수입이 더욱더 늘어날 것입니다. 이것은 당신에게 네트워크 마케팅 비즈니스가 안겨주는 자유로운 라이프스타일을 즐길 베이스가 생겼음을 의미합니다.

동시에 그 수입은 새로운 네트워크를 확대하는 데 활용할수도 있습니다. 3단계까지 폭이 넓어지지 않으면 당신의 비즈니스가 복제되지 않았음을 의미합니다. 3단계란 당신의 네트워크에 155명의 사업자가 존재한다는 것을 뜻합니다(여기서는 당신이 처음에 다섯 명을 후원하고, 그 다섯 명이 또 다른 다섯 명, 그리고 그들이 다시 다섯 명을 후원한 경우를 말합니다).

이 경우 4단계에는 625명의 새로운 사람이 네트워크에 참여합니다. 이어 5단계로 가면 당신을 포함해 3,906명의 네트워크가 탄생합니다.

기억해야 할 것은 당신이 직접적으로 접촉하는 것은 처음 3단계까지로 충분하다는 점입니다. 당신이 업라인 사람들에게 전달받은 것처럼 당신이 전달한 것이 자연스럽게 퍼져가는 것이 네트워크를 빠르게 확장하는 방법입니다. 당신의 네트워크 활동과 확장은 회사에서 보내주는 보고서로 모두 확인할 수 있습니다.

12. 외국에 사는 사람에게 비즈니스를 권유하기에 좋은 도구

전 세계적으로 비즈니스를 전개하는 회사에는 거의 다 각국 언어로 기록한 팸플릿이나 교육 자료가 있습니다. 혹시 이런 자료를 구하기 어려울 경우에는 업라인을 타고 올라가 상담하는 것이 좋습니다. 당신이 속한 그룹에 따라서는 업라인이 외국에 있을 수도 있습니다. 이럴 때는 그 외국인과 상담하는 것이 가장 빠른 방법입니다.

일반적으로 외국의 비즈니스에 관한 각국의 교육 자료와 정보를 얻는 것은 그리 어려운 일이 아닙니다.《쇼더플랜》처럼 네트워크 마케팅 비즈니스를 전반적으로 설명해주는 책을 활용하는 것도 좋습니다. 이 책은 6개 국가에서 번역해 출간했기 때문에 어디서든 활용하기가 용이합니다.

그러나 특정 회사의 제품과 시스템 등을 설명하는 자료는 각 회사의 업라인에게 물어보는 것이 가장 빠른 방법입니다.

개중에는 회사 시스템에 따라 외국에서 후원 활동이 불가능한 경우도 있습니다. 그러므로 당신이 참여한 네트워크 마케팅 시스템이나 국제적인 전개 상황을 잘 알아두는 것이 중요합니다.

13. 네트워크를 빠르게 확장하기 위한 투자

당신이 다운라인에게 투자하면 할수록 당신의 비즈니스는 보다 빨리 성장하고 성공에 가까워집니다. 단, 여기서 투자는 금전적인 것만 의미하는 것이 아닙니다.

네트워크 마케팅 비즈니스는 '사람과 사람 간의 비즈니스'라는 것을 기억해야 합니다. 같은 맥락에서 '투자'란 당신의 성의와 시간을 뜻합니다.

그룹 구성원을 위해 당신의 성의와 시간을 투자해 협력하십시오. 그 투자는 반드시 당신의 성공으로 이어질 겁니다. 각각의 다운라인이 자신의 목표를 달성하도록 온갖 협력을 아끼지 마십시오. 다운라인을 확실히 가르치고 그들이 누군가에게 연락하는 데 필요한 정보와 자료도 충분히 제공하십시오. 나아가 그들의 노력이 확실한 결과로 나타나도록 의욕을 불러일으키는 교재와 최신 자료를 늘 제공하십시오.

다만 정보가 지나쳐서 스트레스를 받지 않도록 유의하십시오. 각각의 정보와 자료를 건네는 타이밍에는 충분한 배려가 필요합니다. 그렇게 하지 않으면 애써 건네준 정보, 자료, 교재가 책상 위나 책장에서 먼지를 뒤집어쓰고 있을지도 모릅니다.

정원의 화초를 가꾸듯 물을 충분히 주고 정성스럽게 가꾸면 그 노력이 10~20배로 커져 화려한 꽃을 피울 것입니다.

14. 부부 후원하기

부부를 후원할 때 반드시 두 사람과 함께 만나야 하는 것은 아닙니다. 더구나 요즘에는 맞벌이를 하는 부부가 많고 각자 바쁜 시간을 보내고 있습니다. 부부를 동시에 만나기 위해 적당한 시간을 기다리려 하면 오히려 타이밍을 놓칠 수 있습니다.

그보다는 부부 중 한 명을 만날 기회를 잡아 당신의 사업기회를 설명해야 합니다. 그리고 상대의 성향에 맞춰 자료를 건네주고 그 사람의 배우자에게 전달해주도록 합니다. 만약 부부 모두가 비즈니스에 관심을 보인다면 긍정적인 답변이 올 것입니다.

자료를 건넬 때는 답변이 늦을 때를 대비해 "혹시 관심이 없으면 자료는 반드시 돌려주세요"라고 말하십시오. 그러면 나중에 자연스럽게 전화해서 상대방의 관심 정도를 파악할 수 있습니다. 그뿐 아니라 여러 가지 의문점이나 질문에 대답해주면서 새로운 설명을 해줄 수 있습니다.

문제는 부부 중 한 명만 관심을 보이고 다른 한 명은 반대하는 경우입니다. 이럴 때는 관심을 보이는 사람을 다시 만나 보다 자세하게 설명해줍니다. 더불어 1장의 '28. 가족의 반대를 극복하는 법'을 참고로 알려주는 것이 좋습니다.

15. 거리에 따른 후원 요령

후원을 할 때 거리는 아무 상관이 없습니다. 가깝게 있든 멀리 있든 자신을 가장 잘 이해해주고 사업에 참여할 가능성이 가장 큰 사람 순서대로 후원해 나가면 됩니다. 심지어 현재 살고 있는 나라에 국한하지 않고 외국에 사는 사람과 연락하는 것도 가능합니다.

다만 회사에 따라 국내에서만 후원할 수 있는 곳도 있고 그 회사가 진출하지 않은 나라에서는 활동할 수 없는 경우도 있으므로 그 부분은 회사에 문의해 확인하십시오.

지금은 교통수단이 발달해 어떤 지방에도 갈 수 있으므로 거리는 고민할 문제가 아닙니다. 만약 당신이 다른 지역에서 현재의 지역으로 이사한 경우 그것은 비즈니스에 커다란 기회입니다.

다른 지역에 사는 사람을 후원할 수 있다는 것은 당신이 살지 않는 또 다른 지역에도 네트워크를 구축할 수 있음을 의미합니다. 이는 두말할 필요 없이 엄청난 기회입니다.

특히 멀리 떨어진 지역에 사는 사람과는 밀접한 커뮤니케이션으로 관계를 지속해나가야 합니다. 멀리 떨어져 산다고 연락에 늦게 대응하는 것은 비즈니스 감각이 결여된 태도입니다.

멀리 떨어진 지역에 사는 사람을 후원하는 것은 확실히 어려운 일이며 가깝게 살고 있는 사람에 비해 몇 배나 더 노력을 기울여야 합니다. 그러나 먼 곳에 뿌린 씨앗이 당신의 협력으로 성장해가는 것을 지켜보는 일은 또 다른 기쁨을 안겨줍니다. 그 기쁨을 생각한다면 멀리 떨어진 지역에 사는 사람과의 밀접한 연락도 결코 귀찮은 일은 아닐 것입니다.

16. 스폰서가 비즈니스를 그만두었을 때의 대처법

만약 당신의 스폰서가 비즈니스를 그만두면 그 스폰서의 업라인에 있는 사람에게 도움을 요청하십시오. 이런 상황에 대비해 비즈니스를 시작할 때 가급적 많은 단계를 거친 업라인 사람과도 만나고 언제라도 연락할 수 있도록 관계를 다져야 합니다. 그러면 편하게 업라인을 타고 올라가는 것이 가능합니다.

회사 시스템에 따라 약간씩 차이는 있지만 6단계까지 타고 올라가는 것도 가능합니다. 당신의 스폰서가 그만두면 당신은 한 단계 위에 있는 업라인과 연락하면 됩니다. 그것을 롤업이라고 부르지요.

새롭게 업라인이 된 사람을 이미 알고 있을 수도 있습니다. 대개는 상황을 파악한 상대방이 먼저 연락을 해옵니다. 새롭게 당신의 업라인이 된 사람은 기쁜 마음으로 당신을 지원해줄 것입니다. 덕분에 당신의 네트워크는 아무 일도 없었던 것처럼 원만하게 활동을 지속해 나갈 수 있습니다.

기억해야 할 것은 당신의 다운라인에게도 앞으로 같은 일이 일어날 수 있다는 점입니다. 그럴 경우 당신은 경험을 살려 즉각 연락을 취해야 합니다. 그렇게 하면 당신과 상대의 관계는 보다 긴밀해질 것입니다.

17. 스폰서 변경하기

더러는 스폰서가 제대로 지원해주지 않아 바꾸고 싶어 하는 사업자도 있습니다. 이는 매우 귀찮긴 하지만 가능한 일입니다. 그러나 이것은 최후의 수단일 뿐 결코 추천할 만한 일이 아닙니다.

스폰서를 변경하고 싶을 경우 현재의 등록을 말소하고 몇 개월의 공백 기간을 두는 회사가 많습니다. 그 기간에 당신은 다운라인 네트워크를 잃어버릴 수도 있습니다. 이와 관련된 규정이나 수속은 회사에 따라 조건이 다르므로 당신이 참여한 회사에 문의해보는 것이 좋습니다.

일반적인 경우 지금까지 쌓아온 네트워크를 버리고 제로부터 다시 시작하는 것보다 별도의 접근 방법을 취합니다. 가령 그 스폰서의 위에 있는 업라인에게 후원을 요청하는 경우가 많지요. 그렇지만 사람마다 성향이나 사정이 다르므로 어떻게든 지금의 스폰서 밑에서는 일하고 싶지 않다는 사람도 있을 겁니다. 이럴 때 어떻게 할 것인지는 스스로 결정해야 합니다.

스폰서를 변경하는 것은 굉장히 중요한 일입니다. 애초에 스폰서를 선택할 때 마음에 들지 않아 도중에 바꾸는 일이 생기지 않도록 신중하게 결정해야 합니다.

18. 직접 후원해야 하는 단계

자신이 직접 후원하는 것은 3단계까지가 적당하며 또한 이것이 가장 효과적인 범위이기도 합니다. 당신이 3단계까지 후원한다는 것은 당신이 직접 다섯 명을 후원해 정확히 전달한 덕분에 155명의 다운라인 그룹이 탄생했음을 의미합니다. 이들 모두를 당신이 직접 후원하는 것은 어려운 일입니다.

네트워크를 탄탄하게 구축했을 경우 3단계 이후부터는 당신이 직접 관여하지 않아도 자연스럽게 발전해 나갈 것입니다. 당신의 네트워크에 참여한 모든 사람이 각각 3단계까지 순서대로 후원해 나가면 비즈니스는 자연스럽게 상승세를 탑니다. 모든 사람이 각각 필요로 하는 후원을 받기 때문입니다.

단, 모든 사업자가 '진지하게' 비즈니스에 임해야 한다는 조건을 충족시켜야 합니다. 당연한 얘기지만 개중에는 활발하게 활동하지 않아 3단계에 이르지 못하는 사업자도 있습니다. 그런 사람이 많을 경우 그 앞 단계에서 집중적으로 후원해야 합니다. 그렇지만 당신 혼자 모든 후원을 감당해야 하는 것은 아닙니다. 이것이 네트워크 마케팅 비즈니스의 묘미입니다.

당신의 네트워크에 많은 사람이 참여하면 모두가 조금씩 노력하면서 함께 풍족한 삶을 자유롭게 누릴 수 있습니다. 당신이 네트워크를 탄탄하게 구축했을 때의 묘미를 깨닫지 못할 경우 언제까지나 부산하게 움직이다가 끝나버리고 맙니다. 이는 결코 현명한 비즈니스 방법이 아닙니다.

19. 네트워크 마케팅 비즈니스의 전망

네트워크 마케팅 비즈니스는 미래의 가능성이 아주 큽니다!

먼저 네트워크 마케팅 비즈니스에 담긴 기본 개념이 사람들에게 무엇을 안겨주는지 생각해봅시다. 그리고 실제로 얼마나 많은 사람이 현재의 삶을 바꾸고 싶어 하는지도 생각해봅시다. 가능하면 지금보다 멋진 인생을 살고 싶어 하는 그 무수히 많은 사람들의 꿈과 희망을 떠올려보십시오.

더구나 네트워크 마케팅 비즈니스는 세계적으로 폭을 넓혀가는 새로운 비즈니스로 그 미래는 '이제부터 시작'이라는 사실을 기억해야 합니다.

네트워크 마케팅 비즈니스의 전망은 아주 밝습니다. 당신이 참여하든 하지 않든 네트워크 마케팅 비즈니스는 앞으로도 계속 성장하고 발전해 나갈 것입니다.

누군가는 이 사업기회를 붙잡아 네트워크를 다져감으로써 미래를 제대로 준비할 겁니다. 또 누군가는 이 멋진 기회를 차버리겠지요. 당신은 그저 "나는 앞으로 내가 원하는 대로 살 수 있다! 이를 위해 시작해보자!" 하며 꿈을 향해 한 발 더 나아가기만 하면 됩니다.

당신은 어떻게 할 생각입니까?

모두가 궁금해 하는
네트워크 마케팅
비즈니스

01. 네트워크 마케팅 비즈니스의 합법성

네트워크 마케팅 비즈니스는 각 나라에서 인정하는 합법적인 비즈니스입니다. 절대 위법이 아닙니다! 간혹 네트워크 마케팅 비즈니스를 피라미드 상법이라고 오해하는 사람도 있는데 전혀 그렇지 않습니다. 그런 사람들을 만나면 "당신이 생각하는 피라미드 상법은 무엇입니까?"라고 물어보십시오. 아마그들은 거의 다 정확히 대답하지 못할 겁니다.

피라미드 상법은 오로지 돈을 목적으로 하는 게임입니다. 그곳에는 제품을 유통시켜 수입을 올린다는 개념이 없습니다. 또한 처음에 가입한 사람만 높은 수입을 올릴 수 있고 나머지 사람들은 피해만 보는 것이 일반적인 패턴입니다.

이것은 분명 위법이기에 엄격하게 금지된 행위입니다. 위법이라 불릴 가치조차 없을 만큼 수준이 낮은 위법적 행위지요. 간혹 제품을 유통시키는 것처럼 위장하는 회사도 있지만 대개는 수준이 떨어지는 제품을 고가에 판매합니다.

이와 달리 네트워크 마케팅 비즈니스는 우수한 품질의 제품을 저렴한 가격에 유통시키는 마케팅 방식으로 결코 위법이 아닙니다. 그러니 안심하고 성실하게 비즈니스에 임해보십시오. 여기서 '성실하게'를 강조하는 이유는 어떤 비즈니스에도 악덕은 존재하기 때문입니다. 성실성이야말로 상대적으로 정당한 비즈니스임을 입증해줍니다.

02. 정가 판매와 할인 판매

가끔은 친한 사람에게 할인해서 판매하는 것이 옳지 않느냐고 말하는 사람도 있습니다. 이는 당신이 네트워크 마케팅 비즈니스를 '사업'으로 생각하는지 그렇지 않은지에 달려 있습니다.

물론 회원가로 구매한 제품을 할인해서 판매하는 것도 좋은 일이겠지요. 그러나 당신은 어디까지나 비즈니스를 하는 것이지 자선사업을 하는 것이 아닙니다. 할인해서 판매하면 당신은 이익은커녕 오히려 손해만 볼 뿐입니다. 그 손해가 미미하다고 생각할지도 모르지만 전화 통화료와 배송비는 물론 거기에 투자하는 시간도 모두 손실입니다. 이것이 하나하나 쌓이면 손실이 상당히 커질 수 있습니다.

만약 제품이 마음에 든 상대방이 비즈니스 시스템에 흥미를 보이다가 사업자가 되었다고 해봅시다. 이때 그 사람이 당신을 복제한다면 동일한 실수가 반복되고 맙니다. 즉, 그 사람 역시 비즈니스가 제대로 진행되지 않을 수 있습니다.

언제 어디서든 네트워크 마케팅 비즈니스는 복제 사업이라는 것을 기억해야 합니다. 당신이 제대로 전달하고 제대로 복제가 이뤄져야 사업이 순조롭게 진행됩니다.

여기서 무엇보다 중요한 것은 제품을 정가로 소매판매하는 것보다 네트워크를 탄탄하게 구축해 제품의 시장가치를 생성하는 일입니다. 혹시 그룹 구성원 모두가 소비자에게 회원가로 나눠준다면 어떻게 될까요? 아무리 친절한 사람도 도중에 반드시 그 일이 귀찮아져서 그만둘 확률이 높습니다. 그러면 제품 유통이 이뤄지지 않아 비즈니스가 무너집니다.

네트워크 마케팅 비즈니스를 '사업'으로 생각한다면 누구에게든 소매가격으로 판매하는 것이 기본입니다. 혹시 상대방이 "회원가로 싸게 사고 싶다"라고 말한다면 당신이 후원해서 회원으로 등록하게 하면 됩니다. 비즈니스에서 정당한 이익을 얻는 것은 당연한 일이며 결코 나쁜 행동이 아닙니다.

03. 초기에 구입해야 하는 제품의 양

건전한 네트워크 마케팅 회사는 초보 사업자에게 비용 부담을 안겨주지 않습니다. 비즈니스를 시작할 때 제품을 얼마나 구입할 것인지는 당신 스스로 판단해야 합니다. 아마도 그것은 당신이 비즈니스 규모를 어느 정도로 판단하느냐에 따라 달라질 것입니다.

예를 들어 당신이 비즈니스에 진지하게 임하기 위해 제품을 실제로 사용해보려 한다면 그것은 당신의 의지에 따른 선행투자로 볼 수 있습니다. 만약 당신의 의지와 달리 거액의 돈을 들여 제품을 강제로 사야 한다면, 혹은 회사가 그것을 강요한다면 그 비즈니스를 다시 고려해봐야 합니다. 이것은 법적으로도 문제가 있는 행위입니다.

'강제적'인 제품 구입에는 신중하게 대응해야 합니다. 경우에 따라서는 "새로 비즈니스를 시작하면서 제품 구입에 어느 정도 투자하는 것은 당연하다"라고 말하며 무리하게 재고를 떠안기기도 합니다.

이 문제는 깊이 고민해봐야 합니다. 당신에게 비즈니스에 진지하게 임하고자 초기투자를 받아들일 의지가 있다면 대표적인 제품을 구입해 사용해보는 것도 괜찮습니다. 당신이 후원하려 하는 사람이 제품을 시험해보고 싶다고 말할 때 곧바로 보여줘야 할 필요도 있습니다.

만약 어떤 이유로든 재고를 안는 것이 불가피하다면 회사의 반품제도를 정확히 확인해두십시오.

04. 일상생활용품이 네트워크 마케팅 제품으로 적합한 이유

어떤 비즈니스도 마찬가지지만 반복적인 제품 구매가 일어나야 유통이 원활하게 진행됩니다. 물론 반복적인 재구매가 일어나려면 제품과 서비스의 질이 우수하고 가격이 적당해야 합니다.

제품이 고품질이라 누구나 갖고 싶어 하고 가급적 특허로 보호받았으면 하는 제품이 있다면, 애용자가 늘어나는 것은 당연합니다. 여기에다 그 제품이 일상생활용품이라면 지속적으로 반복 수요가 따르게 마련입니다.

자동차나 가구 같은 내구소비재는 어떨까요? 아무리 제품의 질이 좋아도 한 사람이 한 번 구입해서 오래 사용하기 때문에 재구매 기간이 아주 깁니다. 이 경우 당신이 큰 소매이익을 얻었더라도 그 사람이 다음 달에 같은 물건을 구매하리라고 기대할 수는 없습니다. 결국 당신이 비즈니스를 계속 진행하려면 새로운 고객을 지속적으로 개척해야 하지요.

이런 것은 세일즈에 특별한 재능이 있는 사람이 아니라 평범한 사람들이 참여하는 네트워크 마케팅 비즈니스에 적합하지 않습니다. 늘 새로운 고객을 발견해 제품을 판매해야 하는 아이템은 한두 번은 몰라도 상당한 각오와 재능이 있어야 길게 지속할 수 있습니다.

그런 의미에서 한번 마음에 들면 계속해서 애용하는 일상생활용품이 네트워크 마케팅 비즈니스에 적합합니다.

05. 매달 포인트를 쌓는 데 발생하는 비용 관리

당신이 매달 포인트를 쌓는 데 비용이 발생한다면 여기에는 두 가지 문제가 있는 것입니다.

하나는 당신이 참여한 네트워크 마케팅 시스템이 당신에게 잘 맞지 않는 경우입니다. 레벨 유지에 필요한 포인트는 회사에 따라 조건이 다릅니다. 비교적 조건이 엄격하지 않은 곳도 있지만 사람에 따라서는 그것조차 엄격하다고 생각하는 경우도 있습니다.

비즈니스의 관점으로 사업에 임하고 있다면 조금 무리가 가더라도 그것이 경험의 폭을 넓혀주고 미래의 성공을 달성하는 데 도움을 준다는 생각으로 바라보는 것이 좋습니다.

다른 하나는 당신의 네트워크를 아직 충분히 구축하지 않았는데 무리하는 경우입니다. 이럴 때는 후원 활동에 집중해 새로운 다운라인 네트워크를 넓히는 것을 우선시해야 합니다. 그리고 무리 없이 일정 조건을 충족시킬 수 있는 시점에 그와 동일하게 새로운 도전을 계속해가는 것이 좋습니다.

어떤 경우에도 가급적 긍정적으로 생각하는 것이 바람직합니다. 사실은 자신의 노력이 부족한 것인데 불평불만을 쏟아내는 사람도 의외로 많습니다.

네트워크 마케팅 비즈니스에서 당신은 1인 사업가입니다. 즉, 당신은 독립적인 사업체를 운영하는 사장입니다. 따라서 가만히 있으면 아무 일도 일어나지 않습니다. 반면 당신이 최선을 다해 노력하면 그만한 대가를 정확히 돌려받습니다.

06. 네트워크 마케팅 회사가 광고를 하지 않는 이유

네트워크 마케팅 회사가 일반적인 회사와 다른 점이 몇 가지 있는데 그중 하나가 기본적으로 광고를 하지 않는다는 것입니다. 이는 네트워크 마케팅 비즈니스가 채택한 기본 개념이 '사람이 사람에게 전달한다'는 것이기 때문입니다.

현재 TV, 라디오, 신문, 잡지를 이용해 전국 규모로 광고를 하려면 그 비용이 어마어마합니다. 그 외에도 길거리 광고판, 네온사인, 전철 광고 등 광고매체가 무수히 많습니다.

광고에 거액을 투자해도 그것이 대량판매로 이어지면 그만큼 이익이라는 것이 대다수 기업의 관점이며 이는 지금도 변치 않는 생각입니다. 사실 거액의 광고비와 유통비용은 제품 개발비나 원재료에 거의 맞먹습니다.

그 비용에 투자하지 않고 그것을 제품 유통에 기여한 사람에게 돌려준다는 것이 네트워크 마케팅 비즈니스의 기본 개념입니다. 미국에서는 막대한 광고비를 투자해 100명에게 하나의 물건을 파는 것보다 10명의 애용자를 만들어 열 개를 파는 것이 더 안정적이라는 사고가 확대되고 있습니다. 이것이 바로 관계 마케팅입니다. 네트워크 마케팅 비즈니스는 이러한 사고방식을 일찌감치 실행에 옮긴 비즈니스 시스템입니다.

07. 다른 네트워크 마케팅 회사에서 일하는 지인 관리

가끔은 다른 네트워크 마케팅 회사에서 사업을 하는 지인이 함께 일해보자고 제안하는 경우도 있습니다. 여기에 응하는 방식은 사람마다 다르겠지요.

당신은 현재 참여한 네트워크 마케팅 비즈니스를 확신하나요? 만약 확신이 있다면 문제는 간단합니다. 예를 들면 당신과 지인이 좋아하는 차종이 서로 다를 수도 있습니다. 당신이 국산차를 좋아하고 지인이 외국산 차를 좋아한다고 해서 서로 대립할 필요는 없습니다. 각자 취향이니까요.

서로 정보 교환을 하면 됩니다. 네트워크 마케팅 비즈니스도 마찬가지입니다. 단, 각 네트워크 마케팅 회사의 제품과 시스템을 자세히 비교해보고 차이가 명확하거나 지인의 일이 당신에게 더 적합하다면 신중하게 생각해볼 필요가 있습니다. 그것은 당신의 판단에 달린 일입니다.

그러나 두 회사에 참여해 사업을 동시에 하는 것은 결코 추천하고 싶지 않습니다. 두 가지 네트워크 마케팅 비즈니스를 진행해서 성공한 사람을 본 적이 거의 없기 때문입니다. 하나의 네트워크 마케팅 회사에 진지하게 임해 충분히 보상받는 것이 네트워크 마케팅 비즈니스의 묘미입니다.

만약 당신이 현재의 네트워크 마케팅 비즈니스를 확신하지 못하고 방황하는 중이라면 지인의 비즈니스뿐 아니라 여러 가지 네트워크 마케팅 비즈니스를 비교해서 철저하게 조사해보십시오. 그러면 자연스럽게 결론이 도출될 것입니다.

일단 결정한 다음에는 확신을 가지고 비즈니스에 진지하게
임하십시오.

08.　　참여한 회사의 경영 상태를 알려면?

네트워크 마케팅 회사뿐 아니라 다른 일반 회사도 경영 상
태를 자세히 아는 것은 어려운 일입니다. 대다수 회사가 보안
을 이유로 여러 가지 내부 자료를 비공개 처리합니다. 그러나
주변 정보를 수집해 확인하는 방법은 있습니다.

먼저 당신을 후원한 업라인에게 물어보십시오. 양심적인 업
라인이라면 여러 가지 자료로 당신의 질문에 대답해줄 것입니
다. 그것이 어렵다면 그 위의 업라인을 타고 올라가 물어보는
것도 가능합니다.

회사에 직접 최근 연간판매액을 물어보는 것도 괜찮습니다.
그것만 봐도 어느 정도 성장하고 있는지 대략 알 수 있습니다.
그 회사가 직접판매협회에 소속되어 있는지도 고려할 요소입
니다. 여기에다 국제적인 신용평가회사가 당신의 회사를 어떻
게 평가하는지도 알아두는 것이 좋습니다. 신용평가회사의 평

가 결과는 심지어 그 회사의 존립에까지 영향을 미칩니다.

그 밖에 보너스가 정확한 날짜에 나오는지, 제품을 적절하게 발송하고 있는지, AS센터가 활성화되어 있는지 등을 알아봐야 합니다.

09. 업라인이 매달 정해주는 제품 구매 기준

업라인이 매달 제품 구매 기준을 정하는 것은 이상한 일입니다. 다시 한 번 강조하지만 네트워크 마케팅 비즈니스는 각각의 사업자가 제품을 애용하고 그것을 다른 사람에게 추천해주는 것이 기본적인 개념입니다. 그러므로 제품 애용과 그것을 전달하는 것은 모두 당신 자신이 결정할 일입니다.

물론 업라인이 가끔 선의로 충고를 하는 경우도 있습니다. 가령 당신이 비즈니스에 진지하게 임하는 상황에서 업라인이 '구입 포인트를 조금만 더 올리면 보너스가 올라가는데'라고 생각하는 경우가 있지요. 이럴 때 그것을 설명하고 충고하는 것은 업라인의 경험에 따른 친절이라고 할 수 있습니다.

그 충고에 어떻게 행동할지는 당신의 판단에 달린 문제입니다. 그러나 매달 업라인이 제품 구매 기준을 정해준다면 이는 문제가 다릅니다. 그것이 당신에게 경제적으로 큰 부담을 준다면 굳이 따를 필요가 없습니다. 어쩌면 업라인이 그룹 전체의 매출액이 낮아 당신에게 기준을 정해주고 강요하는 것일 수도 있습니다.

다만 어떤 경우라도 사정을 설명하고 업라인의 이해를 받아야 합니다. 네트워크 마케팅 비즈니스는 자신의 의지로 계속 진행해야 성공할 가능성이 큽니다.

10. 상대가 바쁘다며 권유를 거절할 때의 대응 요령

사람마다 각자 사정이 있게 마련이고 일의 바쁜 정도도 제각각 다릅니다. 물론 대개는 자기 스스로 매우 바쁘다고 생각하는 경우가 많지요.

그런데 하루의 시간을 곰곰 따져보면 아무리 바쁘다고 말하는 사람도 하루에 한 시간 정도는 허비합니다. 예를 들어 당신은 하루에 몇 시간 동안 멍하니 앉아 TV 방송을 보고 있습니까? 일요일은 말할 것도 없고 틈만 나면 휴식을 취한다며 잠을 자지 않습니까?

문제는 그 사람에게 의욕이 있느냐 없느냐에 있습니다. 정말로 무언가를 하고자 하는 의욕이 있으면 시간은 얼마든지 낼 수 있습니다. 더구나 네트워크 마케팅 비즈니스에는 하루에 한 시간으로 시작해 그것이 점점 수입으로 연결된다는 묘미가 있습니다. 이는 곧 누구나 네트워크 마케팅 비즈니스를 시작할 수 있음을 의미합니다.

당연히 바쁘다는 것을 핑계로 거절하는 사람도 있습니다. 그것이 거절하기 위한 핑계임을 알았다면 더 이상 강요하지 않는 것이 좋습니다. 다음과 같이 말하면 그 사람과의 관계에 흠이 생기지도 않을 것입니다.

"그럼 시간 여유가 생기면 연락주세요. 더 좋은 정보를 가지고 찾아뵙겠습니다."

혹시 그 사람이 이해했지만 정말로 시간이 없을 경우에는 누군가를 소개해달라고 부탁해봅시다. 이때 당신이 도와주면 그 사람의 네트워크가 생깁니다. 그러면 그 사람도 네트워크 마케팅 비즈니스가 무엇인지 깨닫게 되겠지요.

11. 비즈니스를 시작한 지 어느덧 3년인데 진전이 없다면?

말 그대로 '어느덧' 3년이라면 당신은 왜 비즈니스에 진전이 없는지 스스로 알고 있을 겁니다. 네트워크 마케팅 비즈니스는 지속하는 것이 가장 중요하지만, 대충 지속하는 것으로는 원하는 결과를 얻을 수 없습니다.

무엇이든 새롭게 시작할 때는 처음이 가장 중요합니다. 예를 들어 골프에서도 처음에 잘 배우면 갈수록 점점 성장합니다. 반면 처음부터 대충 하면 결코 성장은 이뤄지지 않습니다.

이것은 네트워크 마케팅 비즈니스도 마찬가지입니다. 만약 당신이 네트워크 마케팅 비즈니스에 처음 도전한 것이라면 처음 6개월은 업라인의 후원을 바탕으로 열심히 공부하면서 진지하게 임하십시오. 이때는 비즈니스 선배인 업라인에게 하나하나 배워가는 것이 중요합니다.

그래야 네트워크 마케팅 비즈니스의 진정한 모습도 알고, 무엇을 어떻게 하는 것이 좋은지도 깨닫게 됩니다. 이제라도 늦지 않았습니다. 앞으로 6개월 동안 완전히 비즈니스에 몰두해보십시오. 그러면 당신의 비즈니스는 반드시 성공 궤도에 오

를 것입니다. 초심으로 돌아가 다시 시작하십시오. 진심으로 당
신의 성공을 기원합니다!

12. 네트워크 마케팅 비즈니스와 헝그리 정신

당신이 네트워크 마케팅 비즈니스를 '헝그리 비즈니스'로
여긴다면 그건 잘못된 생각입니다.

네트워크 마케팅은 누구나 진지하게 참여할 수 있는 비즈니
스로 훌륭한 시스템을 갖추고 있습니다. 그리고 여기에서 얻는
수입은 굉장히 매력적이라 많은 사람에게 동기부여를 하고 있
습니다. 한마디로 네트워크 마케팅 비즈니스는 유통업계에 혁
명적 변혁을 불러일으키고 있지요.

혹시 엄청난 수입만 네트워크 마케팅 비즈니스의 매력이라
고 생각합니까? 그럼 다른 비즈니스에서 재산을 축적한 사람이
나 고위직에서 일하는 전문가에 대해서는 뭐라고 설명하겠습
니까?

네트워크 마케팅 비즈니스에는 일반적인 비즈니스와 전혀
다른 개념이 내포되어 있습니다. 이것은 자기 마음에 드는 제

품과 서비스를 친구나 주위 사람들에게 전달해주는 것으로부터 시작되는 유통 혁명입니다. 바로 여기에서 여러 가지 만족과 기쁨이 생깁니다. 예를 들면 네트워크에 참여한 사람 간의 새로운 관계, 자신이 정한 목표를 향해 매일 계획적으로 살아가며 경험하는 것, 타인의 성공을 진심으로 기원하고 도우며 성장해가는 기쁨 등이 있습니다.

여기에다 일하지 않아도 계속 들어오는 인세수입 개념의 커다란 수입을 올리는 동시에 시간적 자유가 생겨 자신이 원하는 라이프스타일을 누릴 수 있습니다. 네트워크 마케팅 비즈니스가 안겨주는 만족과 기쁨에는 다른 사업에서 맛볼 수 없는 풍요로움이 있습니다.

어떤 기회 앞에서 개인적인 사정이나 여러 가지 이유를 대며 언제부터인가 지레 포기하며 살아가고 있지는 않습니까? 사람은 어른이 되어가면서 '포기하는 사람'으로 변해가는 것 같습니다. 이것에 대해 당신은 어떻게 생각합니까?

13. 연속으로 거절당했을 때 더 활발하게 움직이는 방법

당신 주변에는 사업을 권유할 사람이 아직 더 있습니다. 아마 당신은 사업을 시작할 때 명단을 작성했을 겁니다. 만약 작성하지 않았다면 초심으로 돌아가 친척, 지인, 친구, 동급생, 직장동료, 단골가게 주인이나 점원, 택배 아저씨 등 리스트를 다시 작성해보십시오.

어쩌면 잊고 있던 사람이나 주변에서 새로운 인간관계를 발견할지도 모릅니다. 그것이 당신에게 커다란 기쁨을 안겨줄 수도 있습니다.

이제부터 동창회나 취미 모임, 술자리 등 초대받은 자리에는 적극 참석하십시오. 때론 생각지도 못한 곳에서 새로운 만남이나 대화 기회를 얻기도 합니다.

더 중요한 것은 지금까지 왜 거절당했는지 하나하나 생각하며 구체적으로 검토해보는 일입니다. 반드시 어떤 이유가 있을 겁니다. 혹시 '좋아, 오늘은 반드시 저 사람을 설득해보자'라고 생각했던 적이 있나요? 설득에는 반드시 반론이 돌아옵니다. 이어 논쟁에 불이 붙는데 네트워크 마케팅 비즈니스에서 '논쟁'은 금물입니다. 왜냐하면 네트워크 마케팅 비즈니스는 논쟁 끝에 설득당하는 사업이 아니기 때문입니다.

시대의 흐름에 민감하게 반응하는 사람은 이 사업에서 미래의 전망을 확실하게 느껴 이것을 이해하고 받아들입니다. 새롭게 등장한 것은 대부분 기존 개념이나 상식에 매몰된 사람에게는 그 가치가 잘 보이지 않습니다.

업라인과 상담을 하는 것도 좋습니다. 그들도 분명 같은 고민을 하고 있을 것입니다. 열심히 노력하는 업라인이라면 자신의 경험담을 들려주며 그 문제를 어떻게 해결해야 하는지 방향을 제시해줄 겁니다. 멕시코에는 이런 속담이 있습니다.

"기회는 창문을 통해 들어온다. 그러므로 마음의 창을 언제나 열어두어야 한다. 당신이 한 발 더 나아가면 기회는 반드시 두 발 더 앞으로 다가올 것이다."

당신의 성공을 기원합니다.

14. 다운라인이 더 활발하게 움직이도록 하려면?

당신 자신은 활발하게 움직이고 있나요? 당신의 비즈니스를 확신합니까?

네트워크 마케팅 비즈니스는 지금까지의 상식으로 이해하기가 좀 어려운 새로운 비즈니스입니다. 한마디로 이 비즈니스는 복제 사업입니다. 즉, 경험이 있는 사람에게 배워가며 똑같이 따라 하는 비즈니스입니다.

만약 당신이 후원한 다운라인이 활발하게 움직이지 않는다면 먼저 당신 자신을 돌아보십시오. 당신은 정말로 활발하게 움직이고 있습니까? 다운라인이 잘 복제하기를 바란다면 당신이 먼저 모범을 보여야 합니다. 이는 아이가 부모의 행동을 보고 여러 가지를 배우며 성장하는 것과 비슷합니다.

아이는 부모의 강요가 아니라 행동을 보고 자랍니다. 상대에게 무리하게 압박을 주면 결코 좋은 결과를 얻을 수 없습니다.

어떻게 하면 다운라인이 활발하게 움직이도록 할 수 있을까를 고민하기 이전에 당신 자신의 비즈니스를 돌아보십시오. 업라인과 상담해서 확신을 가지고 정확한 방법을 실행하는 것이 더 중요합니다. 그 모습을 다운라인에게 보여주며 함께 활동하면 당신의 다운라인 네트워크도 훌륭하게 성장해갈 것입니다.

15. 늘 똑같은 세미나에 꼭 참석해야 하는 이유

네트워크 마케팅 비즈니스에서 진행하는 세미나는 내용이 항상 비슷합니다. 그래도 늘 참석해야 하는데 여기에는 몇 가지 이유가 있습니다.

첫째, 네트워크 마케팅 비즈니스는 당신 자신을 위한 사업입니다. 당신이 아무 일도 하지 않아도 뭐라고 할 사람은 없습니다. 상사가 존재하는 것이 아니니까요. 단, 당신 스스로 자신의 '의욕'을 조절하지 않으면 아무런 결과도 얻을 수 없습니다. 세미나나 미팅에 참석하는 것은 비즈니스 활기를 유지하고 자신의 의욕을 다지는 데 커다란 도움이 됩니다.

둘째, 당신이 누군가에게 이 비즈니스를 설명할 때 필요한 기초 지식과 노하우를 자기 것으로 만들려면 귀에 딱지가 생길 때까지 몇 번이라도 같은 얘기를 들어야 합니다.

셋째, 미팅에 참석하면 다양한 사람과 만나는 것은 물론 새로운 정보를 얻을 수 있습니다.

넷째, 잠재사업자를 데려온 사업자의 언행을 관찰해보고 당신이 비즈니스를 권유할 때 어떻게 하는 것이 좋은지 배울 수 있습니다.

다섯째, 세미나에 반복적으로 참석해 그룹 구성원들과 친해지면 비즈니스에 임하는 연대감과 관계 의식이 생깁니다. 네트워크 마케팅 비즈니스에서 관계는 매우 소중한 재산입니다.

여섯째, 여러 가지 상담 기회를 얻을 수 있습니다.

그 밖에도 다양한 이유가 있지만 중요한 것은 당신이 기회가 있을 때마다 배우고자 하는 겸허한 마음자세를 갖추었는가 아닌가 하는 점입니다.

단, 시간을 때우기 위해 미팅에 참석하거나 거기에 참석한 것으로 비즈니스를 한다는 기분만 즐기며 실제로는 아무것도 하지 않는다면 전혀 의미가 없습니다. 믿지 않을지도 모르지만 이런 사람이 꽤 많습니다. 당신은 어떻습니까?

16. 스폰서와 멀리 떨어져 있어서 최신 정보를 접하기 어려울 때

당신의 업라인에 있는 사람도 당신과 거리가 먼 곳에 있습니까? 그 위에 있는 업라인은 어떻습니까? 그 위는? 그리고 그 위의 업라인은 어떤가요?

업라인을 타고 올라가면 정보를 많이 가지고 있는 성공한 선배를 만날 수 있을 것입니다. 먼저 당신이 업라인에게 상담을 요청하는 것부터 시작해봅시다.

그렇게 함으로써 당신은 업라인에 있는 여러 사람과 긴밀한 커뮤니케이션을 유지할 수 있습니다. 이것은 당신의 비즈니스가 성장하는 데 커다란 힘을 발휘합니다.

회사에 따라서는 인터넷으로 24시간 내내 정보를 제공해주는 곳도 있습니다. 건전한 네트워크 마케팅 회사는 사업자가 어디에 있든 자유롭게 최신 정보에 접할 수 있도록 다양한 방법으로 정보를 제공합니다.

17. 네트워크 마케팅 회사를 선택하는 체크 포인트

네트워크 마케팅 회사를 선택할 때는 최소한 다음의 다섯 가지 사항을 살펴보십시오.

· 제품

제품의 우수한 품질은 모든 비즈니스에서 첫 번째 조건입니다. 특히 네트워크 마케팅 비즈니스에서는 제품이 좋지 않으면 다른 사람에게 추천해줄 수 없습니다. 여기에다 타 회사가 모방할 수 없는 품질을 자랑하거나 특허로 보호받는 제품으로 일상생활용품인 경우가 가장 좋습니다.

· 회사

창립자가 건전한 경영이념으로 늘 제품 개발과 사업파트너인 사업자들을 지원하기 위해 노력하는지 알아봐야 합니다. 개중에는 창립자 몇 명의 이익을 위해 조직된 이상한 회사도 있습니다. 당신이 아무리 네트워크를 탄탄하게 구축해도 회사가 불성실하면 당신의 노력은 보상받기 어렵습니다.

· 제품과 기업 이념의 시대성

현재는 물론 미래에도 사람들의 성향과 기호의 변화에 따라 제품을 알맞게 제공하고 신제품 개발을 지속할 수 있는지 살펴봐야 합니다. 시대 변화에 대응해 늘 우수한 품질의 신제품을 제공하고 확고한 경영이념을 갖추고 있는 회사인지 아닌지도 중요한 요소입니다.

· 보상플랜

무엇보다 보상플랜이 공평한지 따져봐야 합니다. 언제 누구와 함께 시작해도 자신의 노력에 따라 정당하게 수입을 올리는 시스템이 아니면 네트워크 마케팅 회사의 조건에 부족한 것입니다. 먼저 시작한 사람이나 상층부만 이득을 올리면 길게 지속할 수 없고 타인에게 추천하고 싶지도 않을 것입니다.

· 어떤 사람들이 참여했는가

당신이 지금부터 오랫동안 함께 비즈니스를 진행하기 위해서는 업라인이 성실하고 쾌활하며 인간적으로 존중할 수 있는 사람이어야 합니다. 다운라인도 마찬가지입니다. 당신은 선택하는 동시에 선택받는 위치에 놓입니다. 함께 일할 사람을 만날 때는 늘 좋은 사람인지 아닌지 확인해야 합니다.

18. 네트워크 마케팅 비즈니스를 유산으로 받기

부모가 유산으로 네트워크 마케팅 비즈니스를 남겼다면 관련 회사의 계약에 따르면 됩니다. 건전한 네트워크 마케팅 회사는 네트워크 상속과 양도를 인정하는데 이것은 부모님 연배의 사업자들과 사업에 진지하게 임하는 계기가 되기도 합니다.

제대로 구축한 네트워크에서 발생하는 수입은 상속받은 사람이 인세처럼 계속 지급받습니다. 부모가 참여한 네트워크 마케팅 회사가 이 같은 규정을 채택한 경우 당신은 부모님의 네트워크를 그대로 물려받을 수 있습니다.

이것은 정말 좋은 기회입니다. 당신도 네트워크 마케팅 비즈니스를 제대로 배워 부모의 일을 이어갈 절차를 밟는 것이 좋습니다. 이럴 때 직접 다운라인(회사 월차보고로 알게 됩니다)에게 인사하고 사정을 설명하면 부모의 그룹 구성원들은 모두 기쁜 마음으로 당신에게 협력할 것입니다.

물론 그중에는 마땅치 않아 하는 사람이 있을 수도 있습니다. 그러나 회사에 상속을 허락하는 규정이 있는 한 당신은 자신감을 갖고 성실하게 대응하면 됩니다. 단, 유산으로 물려받았을 경우에는 네트워크 마케팅 비즈니스를 제대로 배워 부모를 능가하는 좋은 업라인으로 활동하십시오.

19. 비즈니스를 전할 때 주의해야 할 유형

기본적으로 어떤 사람도 피할 필요는 없습니다. 다만 게으른 사람과 귀찮아하는 사람은 주의할 필요가 있습니다.

네트워크 마케팅 비즈니스는 누구라도 할 수 있는 비즈니스입니다. 그렇지만 비즈니스를 할지 하지 않을지는 스스로 결정해야 합니다. 이것은 상대와 대화를 나눠보지 않으면 알 수 없습니다. 때론 '이 사람은 꼭 할 거야'라고 생각했는데 전혀 흥미가 없기도 하고, 또 때론 '이 사람은 이해하는 것도 힘들 거야'라고 여겼는데 의외로 여러 가지 질문을 해오기도 합니다.

사람은 겉모습으로 판단해서는 안 됩니다. 즉, 당신의 선입견으로 말을 꺼내기 전부터 사람을 선별해서 대응하는 것은 곤란합니다. 또한 사람마다 각각 사정이 달라서 이야기를 들을 당시 타이밍이 적절치 않을 수도 있으므로 한 번의 만남으로 모든 걸 판단하면 안 됩니다.

우선 당신의 여러 가지 생각이나 상상력, 감성을 총동원해 최적의 타이밍을 찾는 훈련을 하십시오. 그러면 성공률은 반드시 올라갑니다. 문제는 게으른 사람과 만사를 귀찮아하는 사람을 만나면 무엇을 하든 곤란해진다는 점입니다. 네트워크 마케팅 비즈니스에서는 후원한 사람을 정중하게 대하고 그 사람의 성공을 자신의 기쁨으로 여기지 않으면 결과가 나타나지 않습니다. 같은 맥락에서 게으른 사람과 귀찮아하는 사람이 다운라인에 있으면 비즈니스를 진행하는 데 곤란한 일이 발생할 수 있습니다.

하지만 그런 성향도 사업을 시작한 후 바뀌는 경우가 많으므로 잘 생각해야 합니다. 네트워크 마케팅은 사람의 감동을 자아내 종종 성향까지 바꿔놓기도 합니다.

20. 성과가 오르지 않아 그만두고 싶다면?

지금까지 정확한 방법으로 진지하게 비즈니스에 임해왔습니까? 네트워크 마케팅 비즈니스는 다른 사람이 아니라 당신 자신을 위한 사업입니다. 지속할지 그만둘지는 당신이 결정할 문제입니다.

네트워크 마케팅 비즈니스뿐 아니라 어떤 일에서든 '중간에 포기하는 자가 실패자가 된다'는 말을 잘 생각해보십시오. 어떤 목사님이 이런 말을 했습니다.

"구체적으로 행동하자. 구체적으로 행동하면 구체적인 답이 보인다."

당신 자신을 돌아보십시오. 네트워크 마케팅 비즈니스는 정확한 방법으로 지속하는 사람에게 다소 시간 차이는 있어도 반드시 결과를 안겨주는 사업입니다. 열심히 했어도 좋은 결과를 얻지 못했다면 방법이 틀렸거나 너무 느슨했기 때문입니다.

정확히 노력하지 않고 잘되는 게 아무것도 없다고 생각하지 마십시오. 당신이 그만둔 후 다운라인에서 크게 성공하는 사람이 나타나면 '그때 그만두지 말걸' 하고 후회할지도 모릅니다. 그런 후회를 하고 싶지 않다면 먼저 그만두지 않아야 합니다.

다시 한 번 당신의 성공을 기원합니다!

리더의 친절한 가이드북

초판 2쇄 발행 | 2019년 8월 12일
출판등록번호 | 제2017-000004

펴낸곳 | 에스북
지은이 | 돈 페일러
옮긴이 | 안보름

펴낸이 | 서 설

잘못된 책은 바꿔드립니다.
가격은 표지 뒷면에 있습니다.

ISBN 979-11-958138-9-6

주소 | 경기도 하남시 미사강변대로 240
전화 | 031-793-4680
팩스 | 031-624-1549
메일 | sbookclub@naver.com